GÉNÉALOGIE HISTORIQUE

DE

LA MAISON DE LASTIC.

GÉNÉALOGIE HISTORIQUE

DE LA MAISON

DE LASTIC.

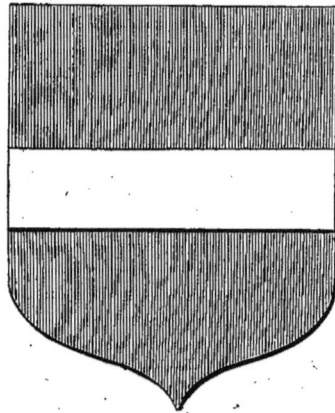

POITIERS

DE L'IMPRIMERIE HENRI OUDIN,

RUE DE L'ÉPERON, 4.

1868

7 3

GÉNÉALOGIE

DE

LA MAISON DE LASTIC.

Le changement des noms de famille est un des signes caractéristiques de la féodalité. Les noms germaniques, gaulois, grecs ou romains étaient des noms de races, de tribus, de personnes. Les noms féodaux sont des noms de lieux, de villes ou de châteaux qui constituaient des seigneuries. C'est au xie siècle qu'eut lieu cette trans- formation, avant laquelle il est à peu près impossible d'établir des filiations suivies. S'il n'y avait qu'un fief dans la maison, il passait à l'aîné, sans démembre- ment. S'il y en avait plusieurs, chaque fils en avait un, pour que le nombre des guerriers fût augmenté. La fille n'était pas admise au partage, et elle n'héritait de ses père et mère qu'au cas où la ligne masculine était éteinte. Les femmes n'étaient pas alors recherchées pour leur fortune ; elles régnaient par la beauté et la sagesse, et étaient chantées par les troubadours. Le sang se transmettait ainsi dans toute sa pureté, et les

1

races nobles brillaient par la force, la taille et la virilité.

L'origine de la maison de Lastic est controversée : suivant les uns, elle descendrait d'un puîné de la famille de Mercœur; suivant d'autres, d'Henri de Thierstein, qui serait venu d'Allemagne s'implanter en Auvergne, où il aurait épousé une fille du sire de Mercœur, dame de Lastic. Ces deux opinions reposent, ou sur des hypothèses purement gratuites, ou sur la ressemblance des armoiries. On oublie, pour cette seconde induction, que les signes héraldiques des blasons ne se fixèrent qu'au xiie siècle, et que plusieurs familles complétement étrangères les unes aux autres ont les mêmes armes.

Ces sources, également honorables, ne sont donc pas justifiées. Clabault, archiviste et généalogiste, qui a avancé la première hypothèse, ne remonte qu'à Hugues, compagnon d'armes du comte Simon de Montfort, et qui n'est que le quatrième seigneur de Lastic dont la filiation soit connue. Lachenaye-des-Bois et ses imitateurs ont admis sans examen et répété l'erreur de Clabault.

M. de Chazelles, dans la généalogie incomplète et inexacte qu'il a dressée, comme membre de la commission de statistique du Cantal, en 1853, s'est également trompé, en avançant qu'Aldéarde de Mercœur aurait apporté la seigneurie de Lastic à Henry de Thierstein :

car, au xi° siècle, une femme n'aurait pas été apanagée
d'un château fort, lorsqu'il existait des descendants
mâles de sa race.

Il nous semble beaucoup plus simple et plus vrai
de dire que la maison de Lastic avait, dès le principe,
son existence propre, qu'elle est issue de ces guerriers
arvernes qui résistaient aux invasions des rois méro-
vingiens, et se retiraient dans leurs montagnes pour
laisser couler le torrent dévastateur qu'ils n'avaient pu
arrêter. Elle devint, dans les temps féodaux, une de ces
familles de chevalerie dont chaque membre avait dans
les actes la noble qualification de *Miles*, guerrier, dont
l'amitié était recherchée, et qui s'attacha aux barons,
princes et souverains comtes d'Auvergne, tour à tour
Mercœur, Bourbon et Lorraine, avec lesquels elle con-
tracta d'honorables alliances.

Une preuve de l'ancienneté de cette maison est con-
signée dans le cartulaire du chapitre de Saint-Julien de
Brioude, qui comptait, en 1070, Pierre Bayart de Lastic
au nombre de ses chanoines-comtes. Or, on sait que
pour être admis dans ce chapitre, il fallait prouver huit
quartiers, quatre dans chaque ligne. Le quartier étant
de vingt-cinq ans, Pierre Bayart avait dû constater une
origine noble remontant à un siècle au moins : ce qui
reporte à 950.

La confiance que le comte de Montfort accordait à son compagnon d'armes, la hardiesse des avis de celui-ci, la haute influence qu'il exerçait dans le conseil, témoignent du rang élevé qu'il occupait par son courage et sa naissance.

Tous les auteurs qui ont abordé l'histoire généalogique de France ont établi l'ancienneté et l'illustration de la maison de Lastic. Ses membres ont répandu leur sang sur tous les champs de bataille pour la gloire de la France et la défense de la religion. Ils ont occupé à la cour et dans les provinces des emplois honorables et utiles, des dignités élevées, des postes de confiance. Plusieurs de nos rois leur ont écrit les lettres les plus flatteuses. Indépendamment des chanoines–comtes de Brioude et de Lyon, ils ont fourni à l'armée des généraux, à l'Église de nombreux abbés et quatre évêques, à l'ordre de Saint-Jean de Jérusalem des chevaliers, des prieurs, des commandeurs, un sénéchal et un grand-maître. On retrouve leurs noms cités avec distinction dans les histoires de Rhodes , de Malte, d'Auvergne, du Languedoc, du Rouergue, du Dauphiné, etc. Partout on les voit suivre la ligne du devoir et de l'honneur.

Deux branches de ce tronc vigoureux existent encore : celle des Saint-Jal, et celle des Vigouroux. La primogénuité appartient à la première, nous le constatons, et le travail de M. de Chazelles l'établit également. La souche est commune; la bifurcation remonte au xv° siècle, et les deux tiges descendent d'Anne de la Fayette, cette féconde et vaillante épouse de Louis de Lastic. A quatre siècles de distance, que sont quelques années séparant la naissance de deux enfants? C'est le même sang qui coule dans leurs veines, leurs descendants ont prouvé qu'ils étaient dignes de leurs aïeux, et la seule rivalité qui ait jamais existé entre eux a été à qui servirait avec plus d'ardeur et de dévouement Dieu et le roi.

Pour compléter la généalogie historique de toute la famille, nous avons puisé dans les archives et dans les bibliothèques publiques et privées. Clabault, Clerambeau, d'Hosier, Lachenaye-des-Bois, le Père Anselme, Courcelles même ont été compulsés, complétés et rectifiés les uns par les autres. Si quelques noms nous ont échappé, c'est qu'ils n'ont pas laissé de trace, et nous avons la conscience nette de toute erreur et d'un seul oubli volontaires.

Aujourd'hui, les priviléges nobiliaires sont abolis sans retour. Sans les regretter, il est bon cependant que les vieilles races ne perdent pas le souvenir de leur origine qui les oblige. Les descendants des preux et des croisés peuvent sans orgueil être fiers des exem-

ples de vertu et de fidélité que leur ont légués leurs
pères; ils doivent conserver intact, avec amour et respect, le seul héritage qui ne peut leur être ravi par
les révolutions.

A. L.

MAISON DE LASTIC.

I. HENRY seigneur DE LASTIC.
ALDÉARDE DE MERCŒUR (vers 1040).

Henry, né vers 1015, prit le nom de la Châtellenie de Lastic [1], mouvante de la baronnie de Mercœur, en Auvergne; il mourut vers l'an 1084 et eut d'Aldéarde de Mercœur, sa femme, deux enfants :

    1º Etienne qui suit;

    2º Pierre Bayart, prévôt de l'église de Pibrac, chanoine comte de Brioude, qui fut présent en 1070 au traité de confédération conclu entre ce chapitre et la maison de Pibrac [2].

II. ÉTIENNE Ier seigneur DE LASTIC.
FEMME INCONNUE.

Étienne Ier, seigneur de Lastic et de Montsuc, porta les armes comme son père et mourut vers l'an 1161. Il eut de sa femme dont le nom est inconnu trois enfants :

    1º Henry II qui suit;

---

1. *Voir* aux preuves et éclaircissements la note A.

2. *Mém. de* BRAGELONNE, doyen du chapitre de Brioude, dressés sur les cartulaires de ce chapitre.

2º Étienne, chanoine comte de Brioude, qui comparut comme témoin à une fondation de quatre clercs en faveur de l'église du Pont-de-la-Bajasse, faite en 1161 par Odilon de Chambon, chanoine du même chapitre, qui y avait déjà fait construire un hôpital pour les Lépreux[1].

3º Guillaume, abbé de Pibrac.

III. HENRY II SEIGNEUR DE LASTIC.
BERTHE (vers 1145).

Henry II, seigneur de Lastic et de Montsuc, guerrier comme tous les chefs des maisons nobles de son temps, était mort en 1185 et eut de Berthe, sa femme, deux enfants :

1º Hugues qui suit ;

2º Étienne, chanoine comte de Brioude, qui fut présent en 1200 à une transaction passée entre le chapitre et Olive de Mercœur[2]. Il comparut encore comme témoin, le 11 juin 1214, à une transaction entre Odilon de Chambon et les chanoines de la Bajasse touchant le droit de patronage qui fut conservé au premier.

IV. HUGUES SEIGNEUR DE LASTIC.
ERMANGARDE D'HENRY (1195).

Hugues, seigneur de Lastic et de Montsuc, chevalier, prit part aux guerres contre les Albigeois commandés par Raymond, comte de Toulouse, en 1211 et années suivantes, et s'y distingua. Les chroniques de l'époque rapportent qu'il donna le conseil à Simon, dit Machabée, comte de Montfort, général des croisés, de ne pas attendre l'ennemi derrière les murs de Carcassonne, mais de tenir la campagne pour

---

1. *Archiv. du chap. de Brioude.*
2. *Ibid.*

arrêter sa marche, avis que le duc de Montfort suivit et
dont le résultat prouva la sagesse [1].

Plus tard, vers la fin de la même croisade, il prononça
des paroles d'indulgence, d'humanité et de justice en faveur
des habitants de Beaucaire, qui avaient ouvert les portes
de la ville à leur jeune comte et tenaient la garnison blo-
quée dans le château; enfin, lorsque Simon de Montfort,
après plusieurs assauts infructueux, cherchait, malgré l'opinion de ses principaux compagnons, à entraîner à une
dernière attaque contre Toulouse ses soldats découragés,
une voix, dont il aurait dû encore écouter la sagesse, lui
conseilla une retraite que la prudence commandait, et ce
fut la voix de Hugues de Lastic [2].

En 1226, il fit, avec sa femme Ermangarde, diverses fondations en l'église de Brioude, et mourut vers 1240, laissant
de son mariage :

1° Bompar (Boniparis) qui suit ;

2° Guillaume, chanoine comte de Brioude, qui était
témoin, en 1221, de la vente faite par une femme
Baret de maisons, de vignes à Ribeirac, d'un jardin et
d'un champ au chapitre de Vieille-Brioude.

En 1222, il figure encore comme témoin à la vente
du champ de Ruinac faite à l'abbé de Pibrac par
Dalmas de la Peyrouse. En mai 1224, il acquérait,
comme prieur de Vieille-Brioude, pour l'utilité de
l'église, de Belon et de Taillac agissant au nom des
Frères de Saint-Antoine, toutes les terres qu'ils pos-
sédaient dans la chatellenie et le ressort. Guillaume,
comte de Clermont, sanctionna et ratifia cet achat [3].
Élu abbé de Pibrac en 1224, il résigna cette dignité en

1. *Hist. générale du Languedoc*, T. III, p. 216.
2. *Voir* aux éclaircissements et preuves la note B.
3. FONTEN., collect. manusc. à la Bibl. de Poitiers.

faveur de Pierre de Chavagnac, qui mourut deux ans
après. Guillaume de Lastic reprit sa charge et s'ap-
pliqua à faire confirmer tous les droits de l'abbaye par
Robert, comte de Clermont, ce qui eut lieu en 1231. Il
transigea avec le chapitre de Brioude, en qualité
d'abbé, en 1234, reçut, en septembre 1236, la terre
de la Roche d'Odilon de Mercœur, prévôt de Brioude,
et, après avoir gouverné son abbaye pendant dix
ans, il abdiqua de nouveau en faveur de Jean de
Pauliac. Hugues, évêque de Clermont, reçut de lui
foi et hommage, en qualité d'archiprêtre de Langeac
et de Brioude, le mercredi après la Pentecôte 1246 [1].
Il vivait encore en 1248, suivant une charte où il est
qualifié prieur de Vieille-Brioude

3° Pierre, chanoine comte de Brioude et bailli de ce chapitre, en 1254, transigea en 1236 avec Maurice de
Saint-Bonnet chanoine du Puy. Il a dans cet acte le
titre d'abbé de Pibrac, et vivait encore en 1266,
qu'il comparut comme témoin à la résignation faite
par Bernard d'Auriole, de sa prébende canoniale de
Brioude, le mardi après la saint Michel.

4° Étienne, chanoine comte de Brioude, prêta, le mardi
après l'Octave de la Pentecôte 1285, serment d'obéissance à Guy de Latour, évêque de Clermont, en qualité d'abbé de Saint-Amable de Riom. Il était mort
en 1288.

Les trois frères firent plusieurs donations à l'église
de Brioude en 1261. Ils étaient présents au règlement
fait en 1256 par le chapitre, touchant les terres vagues
qu'il avait coutume de conférer à des particuliers. Cet
usage fut aboli par cet acte, attendu le nombre de

1. *Gal. Christ.*, T. II.
2. *Ibid.*

prébendaires, qui était alors de quatre-vingts , et parce qu'il n'était pas permis de disposer ainsi du patrimoine de Jésus-Christ [1].

V. BOMPAR Iᵉʳ SEIGNEUR DE LASTIC ET DE VALEILLES. ALIX DAME DE VALEILLES (1230).

Bompar Iᵉʳ, seigneur de Lastic, de Montsuc et de Valeilles, transigea en 1254, ainsi que plusieurs autres chevaliers et barons d'Auvergne, avec Alphonse, comte de Poitiers, frère du roi saint Louis, seigneur de la terre d'Auvergne, érigée plus tard en duché, au sujet des franchises et immunités de la noblesse de cette province, enfreinte en plusieurs points par les officiers d'Alphonse, auquel des plaintes avaient été adressées. Il est qualifié de sire de Lastic dans cet acte. Il ne vivait plus en 1256. Marié en 1230 avec Alix, dame de Valeilles, il en eut trois enfants :

1° Bertrand Bompar qui suit;

2° Guillaume Bompar, chanoine comte de Brioude, abbé de Saint-André de Mégemont-lès-Clermont, de 1243 à 1251 [2]. Au mois de juillet 1261 , il fit don au chapitre de Brioude, pour le repos de l'âme de ses oncles, du domaine direct de ses dîmes de Mazeiras, Montchassela, Biroc et leurs appartenances, sauf le domaine utile et la propriété des mêmes dîmes qu'il reconnut, par cet acte, tenir en fief du chapitre, sous la redevance d'une obole d'or de cens payable chaque année à la saint André. En raison de quoi il rendit de suite hommage et jura fidélité au même chapitre pour lui, ses héritiers et successeurs, du consentement de Dalmas de Fontenille, son beau-frère, de Pierre de Lastic, chanoine de Brioude, son

---

1. *Gal. Christ.*, T. II.
2. *Ibid.*

oncle, et de François, Étienne et Guillaume de Fontenille, ses neveux.

Le sceau de Guillaume de Lastic pendant à cette charte est une fasce d'argent sur un fond de gueule.

Le vendredi après l'Octave de la fête de saint Pierre et saint Paul 1269, il prit part à une transaction et arbitrage entre son chapitre et celui de Pibrac, pour mettre fin à de longues et regrettables discussions, à raison de plusieurs Mas dépendant de Vieille-Brioude. Son sceau est attaché à ce titre [1].

Il fut présent à une autre transaction, de 1277, entre le chapitre de Brioude et Ithier de Rochefort, doyen de la même église, à l'occasion d'une mine d'argent que l'on comptait trouver au terroir de Chazelles [2]. Il vivait encore en 1280 et assista à cette époque au traité passé entre le chapitre et Béraud sire de Mercœur.

Dans une charte, il est qualifié prieur de Vieille-Brioude.

3° Louise, mariée à Dalmas de Fontenille, chevalier, qui approuva la donation faite, en 1261, au chapitre de Brioude par Guillaume Bompar de Lastic. Son sceau pendant à cette charte est un écu chargé de quatre pals.

VI. BERTRAND BOMPAR II SEIGNEUR DE LASTIC, DE VALEILLES ET DE PAULIAC.
ALDE D'AURILLAC (1258).

Bertrand Bompar II, seigneur de Lastic, de Montsuc, de Valeilles et de Pauliac, chevalier, rendit hommage en 1256, avec Alix sa mère, dame de Valeilles, du château et sei-

---

1. D. FONTENEAU, manusc. relatif à l'hist. d'Auvergne, Bibl. de Poitiers.

2. *Gall. Christ.*

gneurie de ce nom, à l'évêque de Clermont, à cause de son comté d'Alleuze, quoique cette terre eût toujours été auparavant un alleu noble et indépendant [1]. Il accorda, tant pour lui que pour ses successeurs, à Bernard de Vernoire, archiprêtre de Saint-Flour et prieur de Pauliac, par charte du jeudi après la fête de la Résurrection de N.-S. Jésus-Christ de l'an 1262, le droit de lever la dîme dans toute l'étendue de sa terre de Pauliac et sur celles de ses feudataires. Il promit de faire garantir cette donation par sa mère et par ses héritiers. Il prenait la qualité de sire de Lastic en 1263 et en 1270, époque de sa mort, suivant le nécrologe de saint Julien de Brioude. Il est rappelé, avec le titre de chevalier, dans le compte-rendu de 1288 par Antoine de Léotoing et Bernard de Charny, chanoines de Brioude, touchant les fondations faites en faveur de cette église, où, à l'article des messes, il s'en trouve une annotée pour Bertrand Bompar de Lastic, ce qui démontre que, de son vivant, il avait exercé ses libéralités envers ce chapitre [2].

Il avait épousé, en 1258, Alde d'Aurillac, qui est rappelée dans le testament de Pierre, son fils, en 1299. De ce mariage naquirent :

1° Pierre qui suit ;

2° Bertrand, qui eut un différend avec Étienne, son neveu, concernant ses droits héréditaires. Il intervint entre eux, le mercredi avant la fête de saint Grégoire de l'an 1327, une sentence arbitrale touchant leurs prétentions sur la seigneurie de Valeilles, dans laquelle il est dit qu'Étienne de Lastic pourra seul y exercer toute justice civile et criminelle et avoir droit de four banal. Cette sentence décide aussi que les huit

1. *Arch. de l'évêché de Clermont*, n° 85, en 1256.
2. *Arch. du chap. de Brioude.*

deniers que Bertrand percevait au Mas de Lastours, paroisse de Cussac, dans la juridiction d'Étienne, appartiendront dorénavant et à perpétuité à ce dernier, ainsi que le droit que Bertrand avait coutume de percevoir depuis le moulin jusqu'au pont de Valeilles

Bertrand de Lastic se maria et eut trois enfants : Guérin, qui comparut comme témoin, en 1316, au testament de Maragde de Paulhac, femme de Pierre dit Bayard, seigneur de Lastic, et mourut sans postérité, en 1326, suivant son épitaphe. — Dragon, chanoine comte de Brioude, et Étienne, qui fit, étant simple clerc, hommage de ses terres à l'évêque de Clermont, en 1329. Il était abbé de Saint-Amable de Riom au mois de novembre 1340, et ne l'était plus en 1345 [1].

3º Guy Bompar, abbé de Saint-Amable de Riom en 1292, accorda, en cette qualité, à Jean Collabier et à Étienne Boyer, clercs, la faculté d'enseigner la grammaire et la logique, tant qu'il ne révoquerait pas cette permission [2].

4º Guillaume, abbé de Chantoin, puis de Saint-Amable de Riom, le 14 mars 1296, après avoir été chanoine comte de Brioude, en 1277, assista avec son oncle, en cette qualité, à la transaction relative à l'exploitation de la mine d'argent de Chazelles.

VII. PIERRE BOMPAR III seigneur DE LASTIC, DE VA-
LEILLES et DE PAULIAC.
GALIENNE DU BEC (1276).

Pierre Bompar III, seigneur de Lastic, de Montsuc, de Valeilles et de Pauliac, chevalier damoiseau, renouvela, en 1276,

---

1. *Gall. Christ.*, T. II.
2. *Ibid.* — Il y a dans le texte *legere*, lire en public, pris ici dans le sens d'enseigner.

à l'évêque de Clermont, les foi et hommage pour sa terre de
Valeilles soumise à cet évêché par son aïeule, en 1256. En
1272, il avait fourni aveu et dénombrement à Godefroy,
prieur du couvent de Saint-Flour, à raison d'un courtil
nommé le Chaminade, du Mas de Scaurat et de ses appartenances, en la paroisse de Cussac, et d'autres héritages
qu'il avait reçus de ce monastère en indemnité et retour
de dîmes cédées par lui dans ses terres de Cézen, Pauliac et
Oradour, ainsi que pour la forteresse qu'il devait édifier à
Cussac dans les fief et seigneurie du couvent, à condition
qu'après la construction du tiers de la tour à élever, l'abbé
fournirait vingt-cinq livres tournois pour l'achever. Il rendit encore foi et hommage, en 1281, au roi Philippe-le-
Hardi, en sa qualité de seigneur du comté d'Auvergne,
pour la terre de Lastic et transigea, le samedi après la fête
de l'Annonciation de la Vierge, en 1300, avec Sobeiranne
de Pierrefort, femme d'Étienne Bompar, son fils aîné, au
sujet de sa dot assignée sur le Mas de Pauliajol, dont il avait
vendu une partie à Jean d'Ussel. Par cet acte, où il a la
qualité de damoiseau, il donna en indemnité à sa bru dix
livres de rente à prendre sur le Mas d'Obax et ses appartenances et sur le fief du Puy, en la paroisse de Cézen.

Il avait épousé, en 1276, Galienne du Bec, dame de Valeilles [1], qui ne vivait plus lors du testament de son mari, en
1299, dans lequel elle est rappelée.

Pierre Bompar de Lastic assista, en 1310, au contrat de
mariage d'Alasie de Lastic, sa petite-fille, avec Dracon de
Châteauneuf, damoiseau, comme le prouvent des lettres de
1317, époque de sa mort. Il élut sa sépulture au cimetière
du prieuré de Rochefort, disposa de cinquante livres tournois pour le repos de l'âme d'Alde, sa mère, et de celle de
Galienne, son épouse, en faveur de diverses églises ; fit un

---

1. *Voir* aux preuves et éclairc. la note C.

legs aux filles pauvres de ses terres de Lastic et de Valeilles, et plusieurs autres donations pieuses dont une de cinq sous tournois à l'hôpital du Val-de-Rouade, et fonda un obit au prieuré de Rochefort.

Ses enfants furent :

1° Étienne Bompar, qui suit :

2° Pierre Bompar, chanoine comte de Brioude, à qui son père donna par testament quarante livres tournois de rente, à prendre dans l'étendue de la terre de Valeilles, avec pouvoir de disposer du quart de cette somme. Il fut enterré, suivant son testament, à Brioude, devant la porte de la chapelle de sainte Marie-Madeleine.

3° Guy Bompar, nommé dans le testament de son père qui lui légua vingt livres tournois à prendre chaque année sur la terre de Valeilles et le mit sous la tutelle de Pierre son frère.

4° Marquise, rappelée aussi dans le testament de son père qui lui légua quinze livres tournois de rente et un marc d'argent, plus trois cent cinquante livres tournois de dot, lors de son mariage avec Truc, seigneur de Meyrone.

5° Galienne, dame de Montsuc, femme de Guillaume, seigneur de Taillac, chevalier, à laquelle son père donna par son testament un marc d'argent, vingt-cinq livres tournois de rente et cinq cents livres tournois de dot.

VIII. ÉTIENNE BOMPAR IV SEIGNEUR DE LASTIC, DE VALEILLES, DE PAULIAC, etc.
SOUBEIRANNE DE PIERREFORT (1298).

Étienne II, Bompar IV, seigneur de Lastic, Valeilles, Pauliac et autres lieux, chevalier, est qualifié dans plusieurs actes et notamment dans une charte de l'église de Pibrac, de l'an 1296, de damoiseau et de haut et puissant seigneur. Il épousa, en 1298, Soubeiranne, fille de Gislebert, seigneur de Pierrefort, chevalier, laquelle vivait en 1334, lors du testament de son mari qui lui assigne pour douaire, sa vie durant, son domaine de Stors, avec tous ses droits, et cent livres de cens à prendre sur sa terre et paroisse de Cézen. Elle était morte au mois d'août 1343.

Les avantages qui avaient été faits à Étienne Bompar, lors de son mariage, furent ratifiés par le testament de Pierre Bompar, son père. Il assista à l'acte de remploi d'une partie de la dot de sa femme, en 1300, et émancipa en 1312, par acte du lundi après la St-Pierre-ès-Liens, Pierre Bompar, son fils. Il testa le 10 juin 1334, élut sa sépulture au prieuré de Rochefort, tombeau de la famille, fit divers legs pieux, institua son héritier universel Étienne de Lastic, son second fils, établit une substitution graduelle entre tous ses enfants ; légua cent livres tournois pour servir à marier treize pauvres filles de sa terre de Valeilles et douze de sa terre de Lastic, légua à Guillaume de la Faye de Chaslin, son écuyer, cinquante livres tournois de rente viagère, nomma, pour être ses exécuteurs testamentaires, Aldebert de Pierrefort, chanoine de Rodez, et Bertrand, seigneur de Pierrefort, ses beaux-frères, Guillaume de Taillac, chevalier, Aldebert de Lastic, son fils, et autres seigneurs. Il fut présent, en 1336, au contrat de mariage d'Étienne, son fils, et était mort le 6 avril 1340, suivant une transaction de ce jour dans laquelle il est mentionné.

De son mariage naquirent :

1° Pierre Bompar, qui suit :

2° Étienne Bompar, qui vient après son frère ;

3° Pierre, chanoine comte de Brioude, ainsi qualifié dans son testament du 18 mars 1347, par lequel il élut sa

2

sépulture au cimetière de l'église de Brioude, à côté
de Pierre de Lastic, son oncle. Il institua son héritier universel Guillaume de Fontenille, chevalier,
son beau-frère, et fit plusieurs legs pieux. En 1346,
le pape Clément VI unit le prieuré de Saint-Ilpise à
l'abbaye de Pibrac, du temps de l'abbé Guy et sur la
démission du chanoine Pierre de Lastic, titulaire de
ce prieuré et chanoine de Pibrac;

4° Aldebert, seigneur de la Chaumette, clerc, qui comparut comme témoin, en 1332, à l'émancipation de
Catherine de Lastic, sa nièce, et à celle d'Étienne de
Lastic, son frère, en 1333. Il est rappelé dans le
testament de son père, qui lui légua, pour toute
légitime, quarante cinq livres tournois de rente annuelle et viagère avec la jouissance et usufruit du
château de Soleyra, et le substitua à son frère
Étienne, au mariage duquel il assista en 1336;

5° Gislebert, chanoine comte de Brioude, n'avait que le
titre de clerc lorsqu'il comparut avec son frère à
l'acte d'émancipation de sa nièce, en 1332; il était
chanoine lors du testament de son père, qui lui légua
aussi quarante-cinq livres de rente avec la jouissance du château de Valeilles, et le substitua à ses
frères. Il comparut encore comme témoin à une
transaction de 1343, entre Étienne, son frère, et
Éléonore de Lastic, leur nièce : il était abbé de
Saint-Amable de Riom en 1340;

6° Aloïse, mariée en présence de son frère, Pierre Bompar, et de son aïeul, par contrat du dimanche après
la Toussaint 1310, à Dracon, seigneur de Châteauneuf et du Drac, chevalier, auquel elle apporta en
dot cinquante livres tournois de rente à prendre sur
le village de Sestrières. Ils ne vivaient plus ni l'un
ni l'autre lors de la transaction faite le dimanche,

fête de saint Clément, pape, 1321, entre Louis, leur fils, Jean Bompar de Lastic et Guillaume de Taillac, au sujet des droits d'Aloïse.

7° Guillarde, rappelée par le testament de son père, qui lui légua, pour tous droits de légitime, la somme de douze cents livres tournois, une fois payée, pour la marier. Elle épousa Guillaume de Fontenille, chevalier, son cousin, héritier du chanoine Pierre de Lastic, qui l'appelle son très-cher frère dans son testament;

8° Bompare ; 9° Alde, toutes deux religieuses au monastère de la Vaudieu, lors du testament de leur père, qui légua, en cette qualité, à chacune d'elles, une pension de dix livres;

10° Maragde, et 11° Dauphine, religieuses au monastère de Beaumont et qui eurent l'une et l'autre une pension annuelle de douze livres.

IX. PIERRE BOMPAR V SEIGNEUR DE LASTIC, VALEILLES, PAULIAC, ETC.

MARAGDE DE PAULHAC (1312).

BÉATRIX DE BASCHAUT (1332).

Pierre II Bompar V, dit Bayart, pour le distinguer de son frère Pierre chanoine de Brioude , chevalier, seigneur de Lastic, de Valeilles, Pauliac, Lagarde Cabrejol, Saint-Saturnin, Champestrières, Saint-Bovit, La Chaumette, Queyria, Bosbovict et Barmélha , émancipé par son père, passa avec lui plusieurs transactions et rendit hommage pour sa terre de Pauliac au chapitre de Brioude. Il avait épousé en premières noces, vers la fin d'août 1312, Maragde, dame de Paulhac, Lagarde, etc., qui hérita d'Hérald, son frère unique, et apporta de grands biens à son mari. Elle testa le mercredi, fête de sainte Foy, de l'an 1316 , élut sa sépulture au cimetière du prieuré de Rochefort, au tombeau des ancêtres d'Étienne de Lastic, institua son héritier l'enfant dont elle était enceinte, si c'était un garçon, sinon ses deux filles, auxquelles elle substitua Pierre de Lastic, son mari, et ordonna que son héritier serait tenu d'envoyer un serviteur à pied et armé au premier passage d'outre-mer, pour le subside de la Terre-Sainte. Elle était morte le 21 décembre 1328, que se firent les accords des mariages de ses deux filles.

Pierre Bompar se remaria , dans l'Octave de la Nativité de saint Jean-Baptiste 1332, à Béatrix de Baschaut et mourut sans enfants de ce second mariage , avant le 10 juin 1334, date du testament de son père en faveur de son fils Étienne. Sa veuve se remaria à Jean Lochard-Syrot, et eut procès pour son douaire de cinquante livres tournois de rente avec le château de Val, pendant sa vie, ainsi que le portaient les conventions matrimoniales. Ce douaire lui fut contesté, parce que, lors de son mariage, elle était mineure âgée de dix ans, et n'en avait que douze à l'époque de la mort de son mari. Il y eut accord, et il fut convenu qu'il lui serait payé cinq cents livres pour son douaire, convention qu'elle ratifia le jeudi avant la fête de saint Jacques 1340.

Les enfants de Pierre Bompar de Lastic et de Maragde de Paulhac furent :

1° Catherine, dame de Paulhac et héritière principale de sa mère, qui épousa, par accord du 21 décembre 1328, Raymond de Montuéjols, damoiseau. Il lui fut assigné en dot, dans la succession de sa mère, l'hôtel ou auspice de Paulhac, situé en la ville de Brioude, et autres biens et rentes, à la charge que tous cès biens retourneraient à son père en cas qu'elle mourût sans enfants. Le 21 août 1333, son mari rendit

hommage au chapitre de Brioude de la terre de
Paulhac, qui passa plus tard dans la maison de
Rochefort d'Aurouze, par le mariage de Marie de
Montuéjols, fille de Catherine de Lastic;

2° Éléonore, dame de Cabrejols, etc., fut promise en mariage, par accord du 21 décembre 1328, à Louis de
Chirac, seigneur de Cassagnol, damoiseau. Cette
union n'eut pas lieu, et Éléonore de Lastic épousa, à
la fin de juin 1332, noble et puissant seigneur Guy du
Chastel, seigneur de Baschaut, damoiseau, par contrat passé en présence d'Étienne, son oncle, de Pierre
Bompar, son aïeul, et de son père, qui lui assignèrent
en dot le château de Cabréjols, avec haute et basse
justice, cent vingt livres tournois de rente, trente
livres tournois sur la châtellenie de la Garde, avec la
somme de mille livres tournois une fois donnée. Son
mari lui constitua pour douaire la jouissance de tous
ses biens présents et à venir.

Elle était remariée à Guillaume, seigneur de Verduzan, chevalier, lors de son testament du 13 février 1363, par lequel elle lègue à l'église de Brioude
15 livres tournois pour être délivrées chaque année,
le jour de son décès, à perpétuité, à chacun des chanoines : un denier à l'heure de Matines, un second
denier pour la procession qui se ferait ensuite, et un
troisième à la messe des morts. Elle légua aussi, à
l'école de la même église, dix livres monnaie forte,
pour une messe des morts, et nomma pour ses exécuteurs testamentaires Étienne Bompar de Lastic,
Guillaume de Taillac et Guillaume de Verduzan.
Elle était morte, ainsi que son mari, le 16 avril 1379
qu'il fut délivré, par extrait, une expédition de son
testament.

3° Marguerite, enfant dont sa mère était enceinte lors de

son testament, en 1316, épousa Guy, seigneur d'Al-
caze, et est nommée, dans la transaction faite, le
6 avril 1340, entre Étienne de Lastic, ses frères et
Béatrix de Baschaut, sa belle-mère, à l'occasion de
son douaire.

IX *bis*. ÉTIENNE BOMPAR VI, SEIGNEUR DE LASTIC, VALEIL-
LES, PAULIAC, ETC.

AHÉLIS DE MONTAGU (1336).

Étienne III Bompar VI, dit le Jeune, seigneur de Lastic, de
Valeilles, Saint-Pons, Champeils et Lodève, chevalier, fils
puiné d'Étienne II Bompar IV et de Soubeirane de Pierrefort, émancipé par son père, transigea en 1343 avec Éléonore, dame de Cabrejols, sa nièce. En 1344, Bernard de
Rochefort, époux de Marie de Montuéjols, en rendant à
Pierre André, évêque de Clermont, foi et hommage de sa
terre de Moissac et autres, ainsi que des droits qu'il a acquis
sur la terre de Lastic, du chef de sa femme, pour sa part de
la succession de son aïeul, reconnaît avoir reçu ce qui lui
revient de noble Étienne Bompar, homme d'armes, et
maintenant seigneur de Lastic, son oncle et son tuteur [1]. Il a
dans plusieurs autres actes la qualité de noble et puissant
seigneur et rendit hommage, en 1352, à l'évêque de Clermont pour sa terre de Valeilles; se trouva en 1356 à la
bataille de Poitiers, servit dans toutes les guerres contre
les Anglais, sous les règnes de Jean Ier et de Charles V, fit

1. D. FONTENEAU, manuscrits relatifs à l'histoire d'Auvergne, Bibl.
de Poitiers. Les anciennes chartes emploient toujours le mot *miles* en
parlant des hauts et puissants seigneurs. Le titre de soldat était alors
le plus beau qu'ambitionnât la noblesse.

don à Jean, son fils aîné, le 12 octobre 1358, de son château
et châtellenie de Valeilles, pour qu'il pût soutenir plus
dignement son rang, assista à son contrat de mariage, en la
même année, fut un des exécuteurs testamentaires d'Éléonore de Lastic et rendit encore foi et hommage, le 11 janvier 1364, au dauphin, comte d'Auvergne, sire baron de
Mercœur, de ses seigneuries et terres de Lastic et de Saint-
Pons.

Étienne Bompar de Lastic ne vivait plus en 1371, et avait
épousé, par contrat du jeudi après la quinzaine de la
Nativité de saint Jean-Baptiste 1336, Ahélis de Montagu,
dame de Champeils, de Saint-Pons et de Lodève, fille de
noble et puissant seigneur Pierre de Montagu et d'Isabelle,
dauphine d'Auvergne, par son père, Robert III, comte de
Clermont, époux d'Isabeau de Châtillon-en-Bazois. Elle
apporta en dot à son mari de vastes domaines provenant du
côté paternel et maternel, et son mari lui assigna pour
douaire cinquante-cinq livres tournois de rente viagère sur
le château de Lastic. Ils eurent pour enfants :

1° Jean Bompar, qui suit ;

2° Bayard, chevalier de l'ordre de Saint-Jean-de-Jérusalem, commandeur de la Tourette. Il reçut, en 1369,
un don de Charles V, pour s'être remis sous son
obédience, servit, en qualité de chevalier-bachelier, dans toutes les guerres contre les Anglais, en
1375, 1377 et 1379, et était employé comme tel à la
garde et défense des pays d'Auvergne, sous le commandement de Poncet de Lansac, le 13 janvier 1380,
qu'il donna quittance pour ses gages et ceux de neuf
écuyers de sa chambre. Il fut présent, en 1392, au
partage entre Étienne, seigneur de Lastic, et Bertrand dit Bayard de Lastic, ses neveux, touchant la
succession de leur père ; enfin, il fut chargé de por-

ter au comte d'Armagnac les lettres que la dauphine
d'Auvergne lui écrivit pour la délivrance de son
frère, alors prisonnier des Anglais.

3° Pons, chevalier de Saint-Jean de Jérusalem, commandeur de Montcalm et maréchal de Rhodes, où il
combattit contre les Sarrazins dans plusieurs ren-
contres, fit une fondation dans l'église de Brioude
en 1362 [1].

4° Drogon, chanoine comte de Brioude et prévôt de cette
église de 1385 à 1388.

X. JEAN BOMPAR VII seigneur DE LASTIC, VALEIL-LES, UNZAC, SEGONZAC, etc.
HÉLIS DE MONCELLEZ (1358).

Jean Iᵉʳ Bompar VII, seigneur de Lastic, de Valeilles, d'Unzac,
de Segonzac et autres lieux, chevalier, servit dans les
guerres contre les Anglais. Il était prisonnier en 1385,
lorsque la dauphine d'Auvergne, comtesse de Clermont,
intercéda en sa faveur auprès du comte d'Armagnac par
une lettre ainsi conçue :

« ..... Cher Sire, il est ainsi que le seigneur de Lastic, frère du
porteur des présentes, est prisonnier des Alonze. Si vous prie, cher
Sire, tant chèrement que je puis, qu'il vous plaise de le avoir pour
recommandé et lui aidies, s'il vous plaist, à sa délivrance et à sous-
tenir son bon droit, car il avoit saufconduit des Anglois. Si je vous
prie que en ce ne me veuilles faillir, car votre parole lui vauldra
moult et veuillés sçavoir, cher Sire, que ledit seigneur de Lastic est
du lignage de Monsieur et, par ce, je vous escry plus affectueuse-
ment.

« Escript à Ardes le vingt et huit jour de may.

« DAUPHINE D'AUVERGNE, COMTESSE DE CLERMONT [2]. »

1. Généal. de CLABAULT.
2. Histoire généalogique d'Auvergne, par BALUZE, T. II, p. 779.

Il était mort avant le 29 février 1392, que ses enfants
partagèrent sa succession; il avait fait deux testaments,
comme on le voit par une transaction du 21 juillet 1395, et
avait épousé, en janvier 1358, Hélis de Moncellez, dame
d'Unzac et de Segonzac, veuve de Jean Trolhart, seigneur
du Breuil, chevalier, dont elle avait eu une fille, morte
avant elle. Elle apporta à son mari ses deux terres avec
tous leurs droits et revenus, appartenances et dépendances
qui lui étaient échues de la succession de son père, ainsi
que tout ce qui pouvait lui échoir. Elle eut en douaire
cinquante livres tournois, et vivait encore en 1408.

Leurs enfants furent :

1° Étienne Bompar, qui suit;
2° Bertrand, dit Bayard, auteur de la tige des seigneurs
    d'Unzac et de Segonzac ;
3° Étienne, damoiseau, qui fit avec son frère aîné, le
    20 mars 1395, une transaction sur le procès élevé
    entre eux, au sujet des successions de Jean, leur père,
    et d'Étienne leur aïeul. Il lui fut assigné cinquante
    livres de rente sur les terres de Lastic et de Boscha-
    rat, et cent livres tournois une fois payées. Il tran-
    sigea une seconde fois sur le même sujet avec son
    frère, en 1399, parce qu'il se proposait de terminer
    ses études, et ils convinrent, en révoquant le pre-
    mier arrangement, que l'aîné ferait une pension
    annuelle et viagère de cinquante livres tournois
    monnaie courante, pour tout droit. Étienne a dans ce
    second accord le titre de haut et puissant seigneur
    et de damoiseau. Il rendit foi et hommage à Jean de
    France, duc de Berry et d'Auvergne, pour ce qu'il
    possédait dans la châtellenie de Belinais, par acte
    du 16 juillet 1404, et était bachelier ès décret le
    8 septembre 1414, lorsqu'intervint un arrêt du par-

lement sur de nouveaux différends qui s'élevèrent
entre lui, son aîné et Bertrand, à l'occasion de leurs
droits respectifs dans la succession de leur père,
parce qu'en vertu d'un autre arrêt du 18 mars 1412,
il s'était emparé du revenu de Boscharat, dont Bertrand était en possession depuis longtemps.

4° Jean Bompar, né en 1371, servit dans les guerres
contre les Anglais et fut fait prisonnier avec son père
en 1385. Il entra dans l'ordre de Saint-Jean-de-Jérusalem, le 21 juillet 1395, devint successivement
commandeur de Montcalm, de Celles, de Carlat et
grand-prieur d'Auvergne. Absent de l'île de Rhodes
lorsque mourut Antoine Fluviana, maître de l'ordre,
son mérite et sa brillante réputation le firent juger
digne d'occuper ce poste important auquel il fut
élevé le 6 juillet 1437. Le premier il a porté le titre de
grand-maître et est regardé comme un des héros de
l'ordre pour les qualités et les vertus qu'il déploya
pendant son long magistère.

En septembre 1440, Abouzaïd Yacmak, soudan d'Égypte, vint assiéger Rhodes à la tête d'une
puissante flotte montée par des troupes de débarque-
ment. A l'approche de l'ennemi, le grand-maître
sortit du port et quoiqu'il eût moins de vaisseaux,
s'avança fièrement et présenta la bataille. L'attaque et la défense furent vives; mais l'armée des
infidèles vaincue éprouva les pertes les plus considérables et s'éloigna à la faveur de la nuit. Vers la fin
de l'année 1444, une flotte, commandée par le même
soudan, parut de nouveau à la hauteur de l'île et en
commença le siége par terre et par mer. Cette attaque
ne dura pas moins de quarante jours, et, après des
assauts répétés et des combats sanglants, les assail-
lants furent repoussés. Abouzaïd, ayant perdu la

meilleure partie de ses troupes, se rembarqua hon-
teusement et s'éloigna avec les débris de son armée.
Cette guerre fut terminée par le ministère du célèbre
argentier Jacques Cœur, alors exilé; mais elle avait
nécessité de grandes dépenses et une augmentation
d'impôts que plusieurs commandeurs refusaient d'acquitter. Le conseil suprême investit le grand-maître
d'une autorité absolue. Jean de Lastic en usa avec
fermeté et parvint à faire rentrer les mutins dans le
devoir. Il répara ensuite les pertes que l'ordre avait
essuyées en faisant un appel à la jeune noblesse,
toujours prête à répondre à la voix de l'honneur.

Quelques années plus tard, Mahomet II, un des
grands conquérants et le plus puissant prince mu-
sulman de cette époque, envoya à Rhodes un ambassadeur pour sommer l'ordre de Saint-Jean-de-
Jérusalem de lui payer un tribut annuel de deux
mille ducats et d'avoir à se déclarer vassal de la
Porte. En cas de refus, l'envoyé du sultan était
chargé de déclarer la guerre et de notifier la résolution de son maître de porter lui-même ses invin-
cibles armes dans toutes les îles de la Religion. Le
grand-maître, après avoir pris l'avis de son conseil,
repoussa avec indignation ces humiliantes propo-
sitions et répondit que les chevaliers de Saint-Jean,
peu accessibles aux menaces, n'avaient jamais compté
le nombre de leurs ennemis et qu'ils préféraient être
engloutis dans la mer ou ensevelis sous leurs forteresses plutôt que d'encourir le reproche d'avoir vu
de près les barbares sans les combattre. Jean de
Lastic ajouta qu'il conserverait à ses Frères et à ses
successeurs Rhodes et les îles voisines que ses prédécesseurs avaient conquises par leur valeur, et
que, pour lui, il sacrifierait avec joie sa vie pour

soutenir l'indépendance et la liberté de la Religion.
Ne doutant pas qu'une réponse aussi énergique n'at-
tirât les armes du sultan dans ses États, il éut re-
cours aux princes chrétiens et envoya le commandeur d'Aubusson auprès de Charles VII, roi de
France, pour lui demander du secours. Ce fut la
dernière action de son magistère, et les Ottomans,
se rappelant le mauvais succès de leur expédition de
1444, n'osèrent pas l'attaquer. Jean de Lastic mourut
vers 1454, après avoir tenu le gouvernail dans des
temps difficiles et orageux, avec autant de sagacité
et de prudence que de fermeté et de courage [1].

5° Béraud, damoiseau, qui comparut comme témoin au
partage fait entre Étienne et Bertrand, ses frères,
le 26 février 1392.

6° Bertrand Bompar, religieux de l'ordre de Saint-Au-
gustin, maison de Vieille-Brioude, à laquelle il
donna tous ses biens de la Bajasse, en y entrant
en 1392.

7° Jeanne, mariée vers 1384 à Amallic, Louis d'Apchier,
baron de Montbrun.

XI. ÉTIENNE BOMPAR VIII seigneur DE LASTIC, DE
VALEILLES, etc.

AGNÈS DE TAILLAC, dame DE MONTSUC (1392).

Étienne IV, Bompar VIII, seigneur de Lastic, de Valeilles et
autres lieux, chevalier, homme d'armes des ordonnances

---

1. *Voir* toutes les *Histoires des chevaliers de Saint-Jean de Jérusalem et de Rhodes*; Moréri; l'*Histoire de Malte*, par l'abbé de Vertot;
les *Marins illustres*; l'*Histoire des chevaliers de Rhodes*, par Eug.
Flandin; et la note D aux preuves et éclaircissements.

du roi, dans la compagnie du comte de Clermont; Béraud II, dit le Grand, Dauphin d'Auvergne, en 1383 et 1384, prit part à toutes les guerres du temps. Il fournit son aveu et dénombrement à Henry, évêque de Clermont, pour ce qu'il tenait de son évêché, testa le 7 août 1426, élut sa sépulture au mont de Rochefort, fit divers legs à ses enfants et en faveur de quelques parents; fonda un obit dans la paroisse de Neuféglise, pour le 18 août de chaque année, suivant une quittance donnée le 18 septembre 1511, par la communauté des prêtres de cette église, à Louis, seigneur de Lastic, son petit-fils. Il avait épousé, le 31 décembre 1392, Agnès de Taillac, dame de Montsuc, fille de noble et puissant seigneur Astorge de Taillac, damoiseau, et d'Élie de Vissac. Elle était morte lors du testament de son mari. De leur mariage naquirent :

1° Draguinet qui suit;

2° Pons qui vient ensuite;

3° Jean, marié à Antoinette de Lambillo, auteur de la branche des Lastic, seigneurs de Saon et d'Urre.

4° Guillaume, rappelé dans le testament de son père qui lui fit un legs de 40 livres tournois; chevalier de Saint-Jean-de-Jérusalem, il devint commandeur de Lyon, de Celles et de Carlat et sénéchal de l'ordre. Son oncle, le grand-maître, lui confia la mission périlleuse d'aller avec deux vaisseaux vers les côtes d'Égypte et de Barbarie pour découvrir le plan d'attaque des infidèles; il s'en acquitta heureusement et rendit par sa bravoure et son intelligence de grands services dans les emplois de confiance qui lui furent commis [1].

5° Jean-Jacques, religieux hospitalier de la Case-Dieu,

[1]. CLABAULT, Généal.

ainsi qualifié dans le testament de son père qui lui constitua seulement une pension viagère.

6° Helis, dame de Collat, mariée par contrat du 26 janvier 1420 à Géraud Basset II, seigneur de Crussol et de Beaudimer, auquel elle apporta en dot la terre de Collat, au diocèse de Saint-Flour, avec ses dépendances, qui lui avait été donnée par Hélis de Vissac, son aïeule maternelle, et trois mille livres tournois moyennant quoi elle renonça à la succession de ses père et mère. Leur fils, Louis, sire de Crussol, Beaudimer et Florensac, fut pannetier de France, bailli de Chartres en 1461 et commis au gouvernement de toutes les artilleries en 1469 [1].

7° Agnès, religieuse au monastère des Chazes, nommée en cette qualité au testament de son père qui lui légua une pension viagère de vingt livres. Elle mourut abbesse de Mégemont et figure avec cette qualité à l'*obit* du chartrier de Chazes [2].

8° Gabrielle, aussi rappelée dans le testament de son père qui lui fit don de trois mille livres pour la marier. Elle fut accordée par Robert, évêque de Chartres, et Louis de Bourbon, dauphin [d'Auvergne, comte de Montpensier, de Clermont et de Sancerre, son frère aîné, faisant pour le père de la future, à Louis d'Apchier, seigneur de Murol et de Moissat, chevalier, qu'elle épousa au mois de septembre 1429. Louis d'Apchier était le septième fils de Guérin, seigneur de Châteauneuf VIII° du nom et de Blanche, dauphine d'Auvergne, fille de Béraud, comte de Clermont, baron de Mercœur, dauphin d'Auvergne.

1. *Hist. généal. de France*, par le P. ANSELME.
2. D. FONT., coll. manusc.

Il fut substitué aux biens de la maison d'Apchier, en
1400, par Guérin, l'aîné de ses frères, et le 20 janvier 1452, par Béraud, un autre de ses frères[1].

XII. DRAGUINET, SEIGNEUR DE LASTIC, VALEILLES, MONTSUC, ETC.

GABRIELLE DE PEYROLS, DAME DE SAINT-DIERY ET LANGLADE (1435).

Draguinet, seigneur de Lastic, de Valeilles, Montsuc[2], Saint-
Diéry, Langlade et autres lieux, chevalier, conseiller chambellan de Louis II de Bourbon, comte de Montpensier, puis
du roi Charles VII, grand-maître de l'hôtel de la reine Charlotte de Savoie, servit en qualité de chevalier-bachelier
dans les guerres contre les Anglais de 1419 à 1423. En 1426,
il était chargé de la garde et défense des villes et châteaux
de Poiron et de Tournon en Dauphiné[3]. Il fut un des commissaires ordinaires du roi pour l'imposition de l'aide de
dix-huit mille livres octroyées à Sa Majesté par les gens
des trois états du pays d'Auvergne et donna quittance au
receveur de cet aide, les 22 octobre 1441 et 10 février 1442.
Il acquit en 1443 de Jacques de Montmorin, seigneur de
Chac et Rillac, moyennant la somme de huit cents réaux
d'or, tous les cens et rentes en blé, argent et autres den-
rées qui lui appartenaient aux lieux de Bodabat, Aubatz,
la Vallette, Chassaigremoret et Brolliet, situés dans les ju-
ridictions et paroisses de Valeilles, Cézen et Cussac, le tout
ayant été autrefois des appartenances de la terre et châtellenie de Valeilles et vendu aux prédécesseurs de Jacques
de Montmorin par ceux de Draguinet de Lastic. Il rendit foi

1. *Hist. généal. de France* par le P. ANSELME.
2. *Voir* aux preuves et éclaircissements la note E.
3. CLÉRAMBEAU.

et hommage de sa terre de Lastic à Louis de Bourbon, dauphin d'Auvergne, et de celle de Valeilles aux évêques de Clermont et de Saint-Flour, seigneurs suzerains. Il fit et confirma diverses donations aux frères mineurs de Clermont et à d'autres couvents d'ordres mendiants; releva tous ses officiers, tant capitaines, châtelains qu'autres de grades inférieurs, de leur serment de fidélité, voulant qu'ils obéissent à l'avenir à Pons de Lastic et à ses enfants mâles. Il fut député par Louis de Bourbon, en 1469, avec Pierre Boinol, doyen de Notre-Dame-du-Port, à Clermont, pour recevoir le serment des ecclésiastiques, des nobles et des villes de la vicomté de Carlat et de Murat, par lequel on promettait de ne plus reconnaître Jacques d'Armagnac, duc de Nemours, pour vicomte, s'il rompait le traité de paix, arrêté à Saint-Flour, le 17 janvier de cette année entre lui et Chabannes, plénipotentiaire du roi. Sa mort arriva au mois de janvier 1473, suivant une transaction du 11 mars de cette année, et il fut enterré dans l'église du prieuré de la Voûte, selon la fondation faite par son frère et successeur en 1484.

Marié à Gabrielle de Peyrols, dame de Saint-Diéry et de Langlade, qui fit don, par acte du 30 juin 1468, de l'hôtel et lieu de Langlade avec vingt-cinq livres de rente seigneuriale, sauf l'usufruit, à Robinet de Murol, chevalier, neveu de son mari, lors de son mariage avec Gabrielle de Beaufort de Saint-Quentin, sa nièce; il eut deux filles:

1° Gabrielle de Lastic, dame de Saint-Diéry, mariée par contrat du premier juin 1454, à Jacques de Tourzel, chevalier, noble et puissant seigneur, baron d'Allègre, de Livradois, Meillan et autres lieux, conseiller chambellan du roi, auquel elle apporta en dot le château de Saint-Diéry, nommé le châtel souverain, avec deux cent cinquante livres de rente, la somme de cinq mille écus d'or et d'autres biens et droits. Elle était morte lors de la transaction du 11 mars 1473

entre Anne de Lastic, sa sœur, et Pons de Lastic, leur
oncle.

2° Anne de Lastic, mariée à Léonard de Saint-Priest,
chevalier, seigneur de Saint-Chamand, dont elle était
veuve le 20 février 1473. Elle chargea, à cette époque, de sa procuration, Jean, bâtard de Saint-Enne-
mont, pour transiger en son nom, au sujet de ses
droits, avec Pons de Lastic, et ratifia, le 18 avril 1474,
la transaction passée l'année précédente. Elle mourut dans le mois de novembre 1496.

XII *bis*. PONS SEIGNEUR DE LASTIC, DE VALEILLES-
ROCHEGONDE, MONTSUC, ETC.
MICHELETTE DE SAINT-NECTAIRE DAME DE
SOUBZLATOUR (1447).

Pons, sire de Lastic, chevalier, baron de Rochegonde auparavant Valeilles, seigneur de Montsuc, Cussac et autres lieux,
fils puîné d'Étienne Bompar, fut substitué à Draguinet son
frère aîné, par le testament de son père. Il était un des
commissaires du roi sur le fait des aides ordonnées par
Sa Majesté, en haut pays d'Auvergne, le 27 novembre 1443,
et donna, ce jour-là, quittance au receveur de ces aides de
la somme de soixante livres tournois, pour avoir vaqué à la
perception de cet impôt; il donna encore quittance, le
22 octobre 1445, de la somme de six vingts livres, en qualité d'élu par le roi; il avait le même titre le 22 juillet 1456
et rendit, le 12 septembre 1470, foi et hommage à Antoine
de Léotoin de Montgon, évêque de Saint-Flour, pour sa
terre de Cussac, avec tout droit de haute et basse justice,
tenue en fief noble et franc de ce prélat, à cause de son
église. Il a les qualités de magnifique et puissant seigneur
et de chevalier dans des lettres du 26 mars 1482, par les-

3

quelles il émancipa ses fils, auxquels il fit divers dons et se
réserva la somme de quinze cents livres tournois, tant
pour des œuvres pies que pour sa sépulture qu'il élut, le
17 mars 1484, dans l'église du prieuré de la Voûte, où il
fonda une messe de *Requiem*, à l'exemple de Draguinet, son
frère, et de l'avis de Jean et de Louis, ses enfants. Cette
somme devait être payée par deux de ses fils, Antoine et
Louis, dans la proportion des biens qui leur étaient donnés.
Il ne vivait plus le 14 février 1488, selon une quittance de
ce jour, dans laquelle Louis de Lastic prend la qualité de
son héritier universel.

Pons avait épousé, par contrat du 14 janvier 1447, Michelette de Saint-Nectaire, dame de Soubzlatour, fille et héritière de feu noble et puissant seigneur Armand de Saint-
Nectaire et de noble et puissante dame Algaye de Mont.
morin. Elle était âgée de vingt ans, lors de ce mariage, par
lequel Antoine, son frère, lui constitua en dot pour tous
droits la somme de deux mille cinq cents réaux ou écus
vieux d'or. Elle vivait encore le 16 mai 1499, lors du
mariage d'Anne de Lastic, sa petite-fille, avec Jean, sei-
neur de Saillant. Leurs enfants furent :

1° Antoine, qui suit ;

2° Louis, qui vient après ;

3° Draguinet, chanoine de Valence, mort en 1484 ;

4° Jean, protonotaire du Saint-Siége et grand-prieur de
   Saint-Étienne-du-Viennois, mort vers 1524 ;

5° Margùerite, mariée du vivant de son père, par contrat
   du 6 septembre 1478, à Gabriel de Gimel, écuyer,
   seigneur de Serran, d'Ambiers et autres lieux, qui
   mourut en 1496, et sa veuve reconnut alors avoir
   reçu de Louis de Lastic, son frère, plusieurs sommes, en déduction de sa dot. Elle eut de ce mariage
   un fils.

XIII. ANTOINE sire DE LASTIC seigneur DE ROCHE-GONDE, MONTSUC, etc.
CHRISTINE DE MONTCHODAT (1482).

Antoine, sire de Lastic, de Rochegonde, Montsuc et autres lieux, damoiseau, émancipé le 26 mars 1482, date de son mariage avec Christine du Montchodat, fille de François, seigneur de ce lieu et de Muret, mourut le 14 septembre 1484, laissant une fille, Anne de Lastic, dame de Montchodat, Muret et Montbason, mariée par contrat du 16 mars 1499 à Jean, seigneur de Saillant, dont elle eut deux fils. La veuve d'Antoine se remaria le 28 février 1489 à Jean de Chapelu, écuyer, seigneur de la Vigne. Elle était morte le 25 octobre 1498.

XIII bis. LOUIS seigneur DE LASTIC baron DE ROCHE-GONDE, MONTSUC, etc.
AYÉNA ou ANNE DE LA FAYETTE (1490).

Louis Ier, sire de Lastic, chevalier, baron de Rochegonde, Montsuc et autres lieux, fut présent à la fondation faite par Pons, son père, en l'église de la Voûte, le 17 mars 1484. En 1520, il fit faire sommation à Antoine de la Fayette, son beau-frère, à l'occasion de la dot de sa femme, et mourut la même année, suivant une transaction du 12 novembre 1522 où il est rappelé.

Louis de Lastic avait épousé, par contrat du 18 avril 1490, Anne de la Fayette, née le 25 juillet 1475, fille de Gislebert, seigneur de Pontgibeau, Monteil, Gelat, Saint-Romain, Rochedagu, etc., et d'Ysabeau de Polignac. Elle apporta en dot la somme de sept cents livres tournois à son mari qui lui assigna pour douaire deux cents livres de rente avec un château-fort. Elle vivait encore le 1er juin 1543. Ils eurent pour enfants :

1º Jacques, qui suit ;

2º Claude, qui continuera la descendance ;

3º Christophe, né le 17 octobre 1499, qui transigea, en présence de sa mère, le 7 juin 1538, avec Thibaud son frère. C'est tout ce qu'on sait de lui ;

4º Antoine, né le 6 décembre 1500, protonotaire du Saint-Siége, chanoine et curé de Saint-Flour, qui transigea, ainsi que plusieurs de ses frères, avec ce chapitre, au sujet de cens et rentes assis au village de la Chaumette, le 12 novembre 1522. Il figure dans la transaction du 14 mai de la même année, entre Anne de la Fayette et tous ses enfants, au sujet de son douaire, et obtint, le 14 novembre suivant, des provisions en cour de Rome, pour la cure de Saint-Flour ;

5º Jean-Jacques, né en 1501, qui formera la branche des seigneurs de la Vergnette et du Vigouroux ;

6º Philippe, né le 26 avril 1502, chevalier de l'ordre de Saint-Jean de Jérusalem, qui transigea pour sa légitime, le 7 août 1522, avec Jacques son frère aîné, qu'il tint quitte, moyennant la somme de six cents livres ;

7º Jean, né le 29 octobre 1504, prieur de Thérondel, rappelé dans le testament de Jacques et dans la transaction faite entre Louis et Thibauld, ses frères, le 7 juin 1538, par lequel ils lui assurent cent livres tournois de rente, jusqu'à ce qu'il soit pourvu de bénéfices ecclésiastiques de la valeur de quatre cents livres ;

8º Louis, né le 7 mars 1506, chevalier de l'ordre de Saint-Jean de Jérusalem, grand-prieur d'Auvergne

en 1559, après avoir été successivement commandeur de Blandès, de Monchamp, Vauxfranche, Ver-
rière et Lureuil et grand maréchal de l'ordre en
1555. Il avait fait ses preuves au grand-prieuré d'Auvergne, et fut reçu le 12 mai 1523. Philippe Villiers
de l'Isle-Adam, grand-maître, l'avait pourvu, par
lettres du 4 avril 1530, de la commanderie de Chau-
en-Vaux. Il fut capitaine d'une compagnie des
ordonnances du roi, de 1567 à 1570, chevalier de
ses ordres et gentilhomme ordinaire de sa chambre,
en récompense de ses fidèles services. Il prit une
part active aux guerres contre les huguenots, sous le
règne de Charles IX, et, aidé du vicomte de Polignac,
des seigneurs d'Apchier et d'Estranges, leva des
troupes en Auvergne, Gévaudan et Vivarais, et alla
en toute hâte rejoindre au mois de septembre 1562, le
comte de Suze et le duc de Joyeuse qui marchaient
sur Montpellier, pour réduire à l'obéissance du roi
les places que Baudisner, chef des religionnaires,
occupait en Languedoc [1].

S'étant rendu à Messine en 1565, avec plus de
deux cents chevaliers, commandeurs et grand'croix,
de différentes langues, qu'il avait réunis, en vertu
de deux brefs du Grand-Maître, pour aller au secours
de Malte assiégé par les Turcs, il fut un de ceux
qui, désespérés de la lenteur de Garcias de Tolède,
vice-roi de Sicile, mêlèrent les reproches à leurs
prières : de sorte que le vice-roi, naturellement
hautain et habitué à plus de respects, s'en plaignit
et trouva mauvais que les chevaliers ne l'appelassent
pas Excellence en lui adressant la parole. Le fier

---

1. IMBERDIX, *Histoire des guerres religieuses d'Auvergne.*

Maréchal lui répondit d'un air cavalier : « Pourvu, seigneur, que nous arrivions à Malte assez à temps pour secourir la religion, je vous traiterai avec plaisir d'Excellence, d'Altesse et même, si vous le désirez, de Majesté. » Le vice-roi sourit à ce discours, et ayant appris la haute naissance et les éminents services de ce courageux soldat de la foi, il le tira en particulier et lui dit qu'en considération de sa qualité et de son mérite, il voulait bien s'ouvrir à lui et lui faire connaître ses intentions. Enfin il lui fournit des vaisseaux pour transporter ses chevaliers.

Loüis de Lastic revint en France en 1567 et continua à gagner les faveurs royales par sa bravoure et sa loyauté. Le 24 janvier 1569 il reçut encore deux brefs du Grand-Maître : l'un pour convoquer tous les chevaliers et leur ordonner de se rendre pardevers lui avec leurs armes; l'autre pour enjoindre à tous les baillis, commandeurs, chevaliers et servants de se tenir prêts à marcher contre les Turcs qui menaçaient encore Malte. Il mourut le 9 septembre 1576, comblé de gloire et d'honneur.

Louis de Lastic eut une fille naturelle, Jeanne, bâtarde de Lastic, qui épousa, le 15 novembre 1570, Jean, bâtard d'Apchier, fils de François, baron d'Apchier et d'Antoinette de Fabresse, non mariée, auquel son père donna la seigneurie d'Auteville, le 16 avril 1567, et mille livres par testament. Le 10 avril 1571, Jean paya vingt-huit écus d'or pour sa légitimation, fit bâtir en 1573, le château de Fournel en Gévaudan, et fut capitaine de cent arquebusiers. Jeanne mourut sans enfants, et Jean d'Apchier se maria en secondes noces avec Anne de Maumont. De ce mariage naquit Marie d'Apchier d'Auteville qui épousa, en 1616, Jacques, bâtard de

Lastic , auteur de la branche des seigneurs de Fournel.

9° Georges, écuyer, baron de Rochegonde, né le 18 février 1510, rappelé avec ses frères dans la transaction faite entre eux et le chapitre de Saint-Flour, le 12 novembre 1522, reçut en 1536 les foi et hommage des vassaux de Lastic, de Rochegonde et de Montsuc, transigea, le 10 avril 1537, avec Claude, Thibaud et Louis ses frères, à l'occasion de leurs partages, et mourut sans alliance.

10° Thibaud, né vers 1514, qualifié baron de Lastic et de Rochegonde dans un acte du 7 septembre 1539, fit avec éclat la guerre aux huguenots. Une partie de leurs troupes ayant passé la Loire au pont de Saint-Lambert, quatre mille hommes environ, après avoir traversé la forêt, parvinrent à Gannat sur les frontières de l'Auvergne et franchirent l'Allier au pont de Vichy, le 4 janvier 1568. Le baron de Lastic et quelques autres seigneurs rassemblèrent aussitôt leurs soldats. Cette petite armée fut réunie le mardi suivant, jour des Rois, et sa cavalerie pouvant tenir tête à celle des religionnaires, les chefs décidèrent de marcher à leur rencontre pour leur couper le passage entre Gannat et le village de Cognac. Thibaud de Lastic se distingua par son courage dans cette rencontre [1]. Il a le titre de chevalier des ordres du roi dans les articles du mariage de sa fille, en 1568, et dans l'acte d'émancipation et de donation en faveur de son fils Louis, du 26 mars 1578. Il était en 1569 gouverneur et commandant de la ville de

---

1. *Hist. génér. du Languedoc*, T. V, p. 283.

Saint-Flour, suivant un mandement du roi aux baillis et sénéchaux du Carladez. Il était mort le 15 décembre 1582.

Thibaud de Lastic eut de sa maîtresse Jeanne de Var, non mariée, un fils naturel, Jacques, bâtard de Lastic, anobli en 1618 et auteur de la tige des seigneurs de Fournel. Il avait épousé, par contrat du 4 avril 1542, Anne d'Ancezume, dame de Caderousse, fille de feu magnifique et puissant seigneur Jean d'Ancezume de Caderousse et de Marie de Crussol. Par le partage entre ses sœurs, Françoise, veuve de Gaspard de Brancas, baron de Cereste, et Louise, femme de Christophe baron de Saint-Chamand, du 26 mars 1560, la moitié de la terre de Caderousse lui échut. Étant veuve, elle fit donation à son fils de tous ses biens, à la réserve de l'usufruit et de la somme de deux mille écus. Elle eut de son mariage :

1° Louis, baron de Lastic, Montsuc et Rochegonde, qui fut guidon de la compagnie des gens d'armes de Louis de Lastic, son oncle, grand-prieur d'Auvergne. Il occupait ce grade le 23 novembre 1567 et en 1568 qu'il donna quittance de ses gages. Il a la qualité de chevalier de l'ordre du roi, dans un acte du 2 avril 1587 où il est mentionné, et mourut sans alliance vers cette époque, quelque temps après sa mère.

2° Françoise, dame de Lastic, Montsuc et Rochegonde, après la mort de son frère dont elle hérita, se maria en premières noces, par contrat du 30 janvier 1569, à Joseph de Foix, baron de Mardogne, Moissac et autres lieux, chevalier de l'ordre du roi, mort avant le 16 août 1581, dont elle eut une fille. Elle épousa ensuite, vers le mois de mai 1582, suivant une lettre qu'elle écrivit le 15 de ce mois à son frère, Jean de la Guiche, seigneur dudit lieu, baron de Bournoncle,

nommé chambellan de François, fils de France, duc
d'Anjou, dans des lettres du 25 février 1580, et
gentilhomme ordinaire de Sa Majesté dans des lettres
royaux obtenues par sa femme, les 27 septembre 1588
et 29 août 1590, et dans plusieurs autres actes. Les
terres de Lastic, Montsuc et Rochegonde passèrent
dans cette famille et, par suite du mariage de Louise
de la Guiche, leur fille, avec Louis de la Rochefoucault, dans la maison de Larochefoucault-Langheac,
d'où elles sont revenues dans celle de Lastic de
Fournel par un autre mariage.

Françoise de Lastic fit, le 27 mars 1602, son testament par lequel elle élut sa sépulture au tombeau
de ses aïeux, en l'église de Rochegonde. Elle était
morte le 15 avril 1604. Sa fille du premier lit,
Gabrielle de Foix, dame de Mardogne et de Lastic
s'était mariée, le 28 juin 1592, à Philibert, comte
d'Apchier, dont elle n'eut pas d'enfants [1].

11° Gisleberte, née le 27 janvier 1493, abbesse de Mégemont, ordre de Cîteaux.

12° Ysabeau, née le 8 mars 1495, mariée à Bertrand, seigneur baron de Pierrefort, et veuve le 15 août 1522,
suivant une transaction passée entre Jacques, Philippe et ses autres frères, où le premier se déclare
chargé de payer sa dot. Elle se remaria au seigneur
de Bosigues, ainsi qu'il résulte du testament du
même Jacques de Lastic, en date du 15 septembre 1529, par lequel il lui fit don de cent écus;

13° Gabrielle, née le 3 avril 1497, ⎫
14° Françoise, née le 17 août 1498, ⎬ mortes
15° Marie, née le 6 septembre 1508, ⎭ sans alliances connues;

1. Le P. Anselme, *Hist. généal. et chron. de la maison royale de
France.*

16° Madeleine, née en 1516, mariée à Gaspard de Fou-
reau qui, le 1ᵉʳ juin 1543, donna quittance à sa
belle-mère de trois cents livres qu'elle avait assi-
gnées en dot à sa fille.

Au chartier de l'abbaye de Chazes existe cette
mention : Obiit noble Louis, seigneur de Lastic, et
Jacques, et Philippe, et Claude, et Madeleine, et
Jean ses fils, pour lesquels noble dame Ayena de la
Fayette, dame de Lastic, leur mère, a donné cinq
livres[1]. Il n'y a pas de date, mais il résulterait de
cette citation qu'Anne de la Fayette aurait survécu
à ces cinq enfants et aurait atteint une extrême
vieillesse.

XIV. JACQUES seigneur DE LASTIC baron DE ROCHE-GONDE, MONTSUC, etc.
MARGUERITE DE SAINT-CHAMARAND (1520).

Jacques, sire de Lastic, chevalier, baron de Rochegonde,
Montsuc, Chamboulive et autres lieux, homme d'armes des
ordonnances du roi, en 1516, vendit, par acte du 26 octobre 1526, aux religieux du prieuré de la Voûte, pour quatre
cents livres tournois la dîme de blé qui lui appartenait aux
lieux de la Malfraize et de la Veissière, et quatre setiers de
seigle auxquels il avait droit sur la dîme de Védrine. Il fit
son testament le 15 septembre 1529, en faveur de ses frères
Georges et Thibaud, élut sa sépulture au prieuré de la
Voûte, dans la chapelle de Saint-Odile, et fit un legs de
cent livres pour les réparations de cette chapelle. Marié à
Marguerite de Saint-Chamarand, il mourut sans postérité
vers 1530.

---

1. D. Font., *Collect. relative à l'hist. d'Auvergne.*

XIV *bis*. CLAUDE DE LASTIC sᴇɪɢɴᴇᴜʀ DE SIEUJAC.

MARGUERITE DES FARGES ᴅᴀᴍᴇ DE SIEUJAC
(1537).

Claude de Lastic, chevalier, seigneur de Chamboulive et de
Sieujac, né le 26 avril 1496, fut présent à l'acte de prise de
possession de la terre de Rochegonde par sa mère, Anne de
la Fayette, le 22 juillet 1522 et a la qualité de puissant seigneur dans l'accord sur le partage qu'il fit avec Louis et
Georges, ses frères, le 19 avril 1537. Il fit son testament le
11 mars 1545, par lequel il élut sa sépulture en l'église de
Rochegonde, au tombeau de ses prédécesseurs, légua trois
cents livres aux curé et prêtres de Neuvéglise, à la charge
de célébrer tous les vendredis une messe haute *de quinque*
plagis, institua pour son héritier universel Jean, son fils
aîné, fit divers dons à ses autres enfants, et était mort en
janvier 1570.

Claude de Lastic avait épousé, par contrat du 15 janvier
1537, Marguerite des Farges, dame de Sieujac, fille de noble
Pierre des Farges, seigneur de Sieujac et de Neuvéglise,
qui lui apporta en dot trois mille écus d'or. Il lui assigna
pour douaire, tant qu'elle resterait en viduité, cent trente
trois écus d'or un tiers de rente, l'institua tutrice de ses
enfants, et voulut qu'elle ne fût forcée de rendre compte
de sa tutelle que dans le cas où elle convolerait en secondes
noces. Elle vivait encore le 28 janvier 1573 qu'elle fut
présente au contrat de mariage de son fils aîné et était
morte le 17 mars 1577. Ses enfants se partagèrent alors sa
succession ; ils étaient trois :

1° Jean, qui suit ;
2° Jean-Jacques, rappelé dans le testament de son père,
auteur de la branche des seigneurs de Saint-Jal ;

3° Antoine, aussi nommé dans le testament de son père qui lui donna cinq cents livres dont son frère aîné serait héritier, s'il décédait en minorité; il prit part aussi au partage de 1577 et mourut quelque temps après, sans alliance ;

4° Gabrielle, mariée à Jean de Murat, seigneur de Saint-Eble et de Fargette. Leur fille Gabrielle de Murat fut mariée en 1622 à Jean Motier de Champestières baron de Vissac [1].

XV. JEAN II DE LASTIC seigneur DE SIEUJAC baron DE SAINT-GEORGES, etc.
MARGUERITE D'ÉPINCHAL (1573).

Jean II de Lastic, chevalier, seigneur de Sieujac, Saint-Maurice, Aumale, Neuvéglise, la Trémollière, le Buisson, baron de Saint-Georges et d'Alleuse, chevalier des ordres du roi, gouverneur de Châteauneuf en Carladez et gentilhomme d'honneur de la reine Marguerite, homme d'armes de la compagnie de 50 lances de Louis de Lastic, son oncle, grand-prieur d'Auvergne en 1568 et 1569, était né en l'an 1541.

Il joua un rôle important pendant les guerres de religion, et fut l'un des chefs les plus actifs de la ligue. Le président Jean de Vernyes dans son *Mémoire* sur la pacification de l'Auvergne, dit, en parlant de lui : « Il a deux maisons très-fortes dans la prévôté de Saint-Flour en lesquelles il a deux pièces de canon moyennes. En outre, il possède de quinze à dix-huit mille livres de revenus. » Jean de Lastic prit une part glorieuse à la bataille de Cros-Rolland, devant Issoire, où il commandait la seconde ligne. Plus habile

---

1. Les Motier de Champestières prirent le nom de La Fayette, branche aînée, seulement en 1692, en vertu d'une substitution faite par le comte DE LA FAYETTE (*Hist. généal.* du P. ANSELME, T. VIII).

que le comte de Randan[1], il conseillait de ne pas changer les positions. Son avis n'ayant pas prévalu, il fit
des prodiges de valeur et, après la perte de la bataille,
blessé, n'ayant plus qu'un tronçon d'épée à la main, il se
retira avec quelques capitaines et une centaine de ses hommes dans le château de Montmarin d'où il revint dans la
haute Auvergne. Un parti de religionnaires fit Jean de
Lastic prisonnier par surprise en 1585 et l'emmena à Mar-
vejols. Comme il était excellent cavalier, on lui donna un
cheval vigoureux pour qu'il caracolât devant les dames,
sur une place de la ville. Profitant de l'occasion, il partit
au galop, franchit le fossé, puis, revenant sur ses pas, il sa-
lua avec grâce la foule qui applaudissait, tourna bride, piqua
des deux et disparut. Plus tard, il se signala à l'attaque de
la même place et les assiégés voulant venir à composition
demandèrent à l'amiral de Joyeuse, les seigneurs de Ca-
nilhac et de Sieujac pour traiter de leur soumission. En
1586, Jean de Lastic reçut trois commissions et le commandement de deux cents arquebusiers pour garder et déman-
teler cette ville. Adam, évêque de Mende, ayant appris vers
cette époque que les chefs huguenots Taillefert et Gentil
avaient assemblé des troupes pour attaquer Saint-Flour,
pria le seigneur de Sieujac de s'opposer à leur dessein et de
prendre dans ce but deux cents cavaliers de la garnison de
Murat. Le chapitre de Brioude lui écrivit pour le remercier
des services qu'il en avait reçus pendant ces temps de
guerres calamiteuses. Le duc de Lorraine, de Chevreuse et
de Genevois lui manda, par plusieurs lettres, de se saisir
du Saillant et du Buisson occupés par les religionnaires. Il
s'empara de ce premier château et s'y maintint ; mais
Christophe de Chavagnac, attaché au parti du roi de Navarre,
se ligua avec Louis du Bourg qui en était seigneur, et avec

1. IMBERDIX, *Histoire des guerres de religion en Auvergne.*

Gabriel de Gironde, seigneur de Bégoule, et prit par repré-
sailles l'un des siens. Au bout de quelques années que dura
cette espèce de guerre, les châteaux furent réciproquement
restitués, en vertu du traité de pacification fait à Saint-
Flour, le 15 mai 1588, entre leurs possesseurs, la noblesse
et le tiers-état du haut pays d'Auvergne [1]. Jean de Lastic
paya trois mille livres de dédommagement. Fort riche pour
son temps, il fournit sept mille livres à Randan pour la sub-
sistance des troupes qui étaient en Auvergne en 1592, avança
pendant un mois la solde de trois cent soixante arquebusiers
qui étaient à la charge de Surville, et avait en outre à pour-
voir aux besoins de sa compagnie qui était à Chaudesaignes.

Dans une de ces petites affaires d'escarmouche et d'em-
buscade qui se poursuivirent après la mort d'Henri III,
Prosper de la Beaulme, évêque de Saint-Flour, sous le nom
de Pierre V, quittant Le Puy pour se rendre dans son diocèse, fut pris par quelques pillards huguenots qui le mirent
à rançon. Le prisonnier supplia Jean de Lastic de lui
avancer les 200 écus d'or exigés pour sa liberté. L'évêque,
arrivé dans sa ville épiscopale, annonça à son chapitre
qu'il était résolu à aliéner une portion de son temporel pour
acquitter sa dette, ce qu'il fit; mais toutes les formalités
n'ayant pas été remplies, le chapitre fit annuler la vente, et
le seigneur de Sieujac perdit ainsi les 200 écus si généreu-
sement prêtés.

Lorsque Henri de Savoie, duc de Génevois et de Nemours,
passa du Lyonnais en Auvergne, où il devint chef de la
Ligue, Jean de Lastic, toujours grand et dévoué à sa cause,
mit sa bourse à la disposition de Nemours, qui y puisa lar-
gement et lui emprunta, pour l'approvisionnement des
munitions de guerre, la somme de 4,800 écus dont une
faible partie lui fut seulement remboursée deux ans plus

---

1. D'Auzier, *Armorial général*.

tard, en 1595. Une perte qui lui fut plus sensible fut la prise des châteaux de Randan, de Montsuc, de Sieujac et de Lastic dont les troupes royalistes s'emparèrent, en violation d'une trêve signée entre Nemours et le comte d'Auvergne. La ville forte de Saint-Pourçain fut investie en même temps par les troupes du maréchal d'Aumont. Jean de Lastic leva à la hâte tous les chevaux à sa portée et forma des escadrons pleins d'ardeur, avec lesquels il descendit du haut pays. Toute la noblesse ligueuse se réunit et la bataille s'engagea près de Saint-Pourçain. Dès le début, les troupes catholiques rompirent et furent jetées dans un tel désordre, que Jean de Lastic vola à bride abattue avec d'Orfé près de Nemours, pour régler l'ordre de la retraite. Leur présence changea la face des choses, et la fortune trahit à son tour le maréchal d'Aumont, qui fut mis en pleine déroute et abandonna l'Auvergne. Nemours, guidé alors par le baron de Sieujac qui voulait rentrer dans ses possessions, porta la guerre dans le haut pays. Les châteaux du Saillant et du Buisson, places très-fortes, appartenaient aux royalistes et étaient des asiles sûrs où les Huguenots, à l'abri d'un coup de main, mûrissaient leurs plans et se retiraient après les avoir exécutés. Le duc d'Enghien y était alors et préparait une entreprise hardie, lorsque Nemours arriva. Jean de Lastic reçut l'ordre d'attaquer ces forteresses et de les raser. Il les enleva d'assaut, les fit démolir et garda la suzeraineté de la seconde. Cette vigoureuse expédition terrifia les ennemis. Le prieuré de Saint-Michel de Brossadour, soupçonné de sympathiser avec le parti royaliste, baissa son pont-levis devant les menaces de l'énergique ligueur, qui y mit gouverneur le sieur de Gibertès. Nemours, de son côté, obtenait des succès importants. Il contraignait François de Dienne à lui promettre la reddition des forteresses de la Voûte, Rouffiac, Lastic et Courtines; deux autres devaient être rasées, mais la mort du signataire

du traité, assassiné à Mende, empêcha l'exécution complète
de ces conventions. Nemours néanmoins, satisfait des avantages qu'il avait obtenus, retourna dans son gouvernement
de Lyon. Secondé par le mouvement des esprits, Charles
de Valois, soutenu par Rastignac, s'empara alors des principales positions des ligueurs, dont les chefs s'enfermèrent
dans leurs châteaux. La Sainte-Union tomba d'elle-même.
Elle n'avait plus de raison d'être après la conversion du
Béarnais, rentré dans le sein de l'Église. Cet heureux évé-
nement mit également fin aux dissensions particulières et
rétablit la concorde et l'union parmi des familles divisées
par des haines politiques et religieuses. La haute Auvergne,
aux États de Saint-Flour présidés par le comte d'Apchier,
reconnut et proclama les droits d'Henri IV au trône ; mais
Jean de Lastic était encore obstiné dans sa cause et avait en-
traîné le comte d'Estaing. Le roi résolut de triompher de
cette opposition et écrivit au vieux ligueur qui rentra enfin
dans le devoir. Nous donnons ces lettres, ainsi que celles
qui lui furent écrites par le duc d'Alençon, le cardinal de
Lorraine et Henri III. Elles prouvent l'estime dont jouissait
ce vaillant capitaine et l'importance que les princes atta-
chaient à son amitié.

LETTRE DU ROI HENRI III.

« Monsieur de Sieughac, encore que je vous estime tant zélateur
du bien de mon service et du repos de ce royaume que je m'assure
n'estre besoin de vous exciter à y rendre l'office qui se peult désirer
d'un gentilhomme de votre qualité, si est-ce que faisant estat de vous
entre mes bons serviteurs et fidèles sujets, je n'ai voulu laisser de
vous escrire pour vous prier qu'aux occasions qui s'offriront vous
voulliez de plus en plus faire paroistre l'affection que vous avez au
service de vostre roi et conservation de vostre patrie, assuré que je
n'oublierai le bon devoir que vous y ferez. Priant Dieu, Monsieur de
Sieughac, vous avoir en sa sainte garde.

« Escrit à Blois XVIᵉ jour de mars 1555.

« HENRI. »

LETTRE DE CHARLES DE LORRAINE.

« Monsieur de Saugeat, par la commodité de ce gentilhomme, présent porteur, vous serez asseuré que sur tous les amis que vous avez vous debvez, je vous en prie, faire estat de moy comme du plus parfait entre tous, ayant bien fort grande envie de vous en faire une bonne preuve en quelque bonne occasion où je me pourrai employer qui sera si suffisante que vous serez du tout asseuré de quelle bonne volonté je vous aime et honore. Priant sur ce le Créateur qu'il vous donne, Monsieur de Saugeat, une heureuse vie.

« A Paris, le XVe jour de juin 1576.

« Votre entièrement meilleur ami, CHARLES DE LORRAINE. »

LETTRE DE FRANÇOIS, DUC D'ALENÇON, FRÈRE DU ROI.

« Monsieur de Soujac, j'ai été bien aise d'entendre que suivant ce que je vous avois recommandé de favoriser de Longueville, l'un de mes secrétaires, vous avez promis de lui ayder et tenir la bonne main à ce qu'il puisse être satisfait de ce que lui debvoit..... qui estoit le bailly du haut pays d'Auvergne, ce que je vous prie de faire promptement et de lui montrer en cet endroit de quel poids vous estes dans le pays par les bons effets que lui en ferez sentir et la satisfaction de son droit. Ce que attendant de vous, je prierai Dieu, Monsieur de Soujac, qu'il vous ayt en sa sainte garde.

« Escript à Ryom, le 11 juillet 1577.

« Votre bon ami, FRANÇOIS. »

DEUXIÈME LETTRE DU ROI HENRI III.

Monsieur de Sieughac, en meilleure occasion ne sauriez nous faire paroistre la bonne affection que vous portez au bien de mon service que celle qui s'offre à présent avec le sieur marquis de Canillac, gouverneur et mon lieutenant général en mon hault pays d'Auvergne.

4

Lequel m'ayant fait entendre que vous l'estes allé trouver en fort bonne volonté et équipage de me faire service, j'ai bien voulu vous faire cette présente pour vous dire et témoigner que je vous en sçay fort bon gré et vous prie de vous employer par delà pour mon service et le repos de mon païs. Vous asseurant que je vous gratifierai volontiers en temps et lieu. Ce pendant je prie Dieu, Monsieur de Sieughac, vous avoir en sa sainte et digne garde.

« A Saint-Maur-des-Fossés, le XVIe jour de juillet 1580.

« HENRI. »

TROISIÈME LETTRE DU ROI HENRI III.

« Monsieur de Sieughac, le regret que je porte des lougues misères et calamités de mes bons subjets de Vellay, Auvergne, Rouergue et Gévaudan m'a fait résoudre à y envoyer un bon nombre de forces conduites par mon cousin le maréchal d'Aumont pour repurger lesdits pays des désordres qui s'y commettent ordinairement par mes ennemis, au grand préjudice de mes affaires et ruine de mes subjets, espérant que le voiage de mon dit cousin succédera si heureusement que mes subjets en recevront le soulagement que je leur désire et moy le contentement que j'en attends. Et par ce qu'entre ceulx qui sont affectionnés par delà au bien de mon service, je fais principalement estat de la bonne volonté que vous y avez toujours démontré, je vous prie de favoriser en tout ce qui se pourra une si sainte et salutaire entreprise et assister aultant qu'il vous sera possible mon dit cousin le maréchal d'Aumont pour en advancer l'exécution au moyen de laquelle vous participerez non moins qu'à ma bonne grâce et bienveillance dont je vous ferai bien volontiers ressentir les effets en tout ce qui se pourra pour votre bien et advantage, ainsi que vous entendrez plus particulièrement du sieur Doulac par les mains duquel vous recevrez la présente. Vous lui adjouterez sur ce sujet pareille foy qu'à moy même qui prie Dieu, Monsieur de Sieughac, vous avoir en sa sainte garde.

« A Paris, le VIIe jour de may 1586.

« HENRI. »

QUATRIÈME LETTRE DU ROI HENRI III.

« Monsieur de Cyoghac, ayant sceu par les lettres que le trésorier Pascal a escript aux gens de mon conseil de quelle volonté vous vous estiez offert à favoriser l'exécution des lettres de commission que je lui ay ci-devant annoncé pour vérifier le mesnage que les receveurs des tailles Guinallem et Caillon du haut pays d'Auvergne ont faist en l'exercice de leurs charges durant cette année ou les précédentes, j'ay bien voulu vous en remercier par ceste-ci et vous dire que comme ceste offre est franchement provenue de la seulle affection que vous avez au bien de mes affaires, sans en avoir esté aultrement requis, que de mesme vous pouvez vous asseurer qu'en toutes les occasions qui se présenteront de vous gratifier, je le feray très volontiers sans autre raison que de la souvenance que j'auray toujours du témoignage qu'en cela vous m'avez rendu de vostre bonne volonté, laquelle je vous veulx prier de continuer et de monstrer tous les efforts que vous pourrez sur ce dont ledit Pascal vous requierera pour le faict de sa ditte commission et recouvrement des droits qui me sont dubs en leurs quartiers. En quoy faisant, vous me prouverez que vous pouvez beaucoup et que vous désirez encore plus pour mon service. Je ne vous en ferai plus longue lettre que pour prier Dieu, Monsieur de Cyoghac, vous avoir en sa sainte et digne garde.

« Escript à Blois le XXIIe jour de décembre 1588.

« HENRI. »

Après la mort d'Henri III, Henri IV guerroyait pour conquérir son royaume divisé par les factions. Les catholiques le repoussaient, et Jean de Lastic, ainsi qu'on l'a vu, était de ce nombre, ou du moins ne se rangeait pas sous ses drapeaux. Le roi, aussi bon politique que brave guerrier, voulut s'attacher un partisan aussi influent, et lui écrivit, le 23 avril 1594 :

« Monsieur de Sioujac, si vous avez jusques à maintenant esté retenu du deuoir que tous Françoys me doibvent comme à celui que Dieu a constitué leur roy et prince naturel, il fault qu'à présent que

— 46 —

toutes excuses et prétextes cessent et que les principaux appuis de mes
ennemis leur défaillent, que vous abandonniez leur pernicieuse ambition sy ce n'est que comme eulx vous veuillez vous rendre coupable de
la violente usurpation qu'ils tâchent faire de cet estat et contre tout
droit divin et humain, livrer non votre honneur et réputation seulement, mais votre propre patrie, franchise et liberté à une barbare et
estrange puissance. A quoy je suis asseuré que jamais n'avez pensé.
Aussi fais-je estat certain qu'à l'exemple de tant de seigneurs et gentilshommes signalés qui ont secoué le joug de cette ambition pernicieuse, vous soubmettant à l'obéissance que me debvez, vous tascherez
de participer aux mérites de mes bonnes grâces qui vous seront aussy
favorables et à votre contentement que vous sauriez désirer. Sur ce
je prie Dieu qu'il vous ayt, Monsieur de Sioujac, en sa sainte et digne
garde.

« Escrit à Paris, ce XXIIe jour d'avril 1594.

« HENRI.

« Et plus bas : POTIER. »

Cette soumission, demandée dans des termes aussi nobles
et aussi pathétiques, ne se fit pas attendre, et le roi, dans
une lettre écrite du camp devant Laon, le 4 août suivant,
mandait à Jean de Lastic :

« Monsieur de Sieughac, après l'heureuse yssue qu'il a pleu à Dieu
me donner du siége de ma ville de Laon, j'ay aduisé pour le bien de
mon seruice auant que m'esloigner de ce pays de donner ordre à ce
qui est nécessaire pour la seureté des frontières de Picardie et Champagne ; ce que j'espère avoir fait dans peu de jours, et aussitôt m'ache-
miner en mon pays de Lyonnais pour, avec mon armée, empescher
les desseings qu'ont mes ennemys sur ma ville de Lyon. J'ai mandé
pour cet effect à tous mes serviteurs de provinces de delà de se tenir
prêts pour me venir trouver. En faisant estat que vous serez de ce
nombre, je vous faicts la présente pour vous faire entendre ma volonté et vous dire que s'offrant cette occasion je veuls croire que ne la
vouldrez laisser passer sans me faire paroistre l'affection qu'avez à
mon seruice. Tenez-vous donc prest pour me venir trouver avec ce

que vous pourrez assembler de vos amis pour me joindre sur mon passage qui sera incontinent, vous asseurant que j'auray très agréable votre service, lequel je sçauray bien reconnoistre en toutes les occasions qui s'offriront pour votre contantement. A quoi m'asseurant que ne ferez faulte, je prierai Dieu vous avoir, Monsieur de Sieughac, en sa sainte garde.

« Escript au camp devant Laon, le IVᵉ jour d'aoust 1594.

« HENRI.

« Et plus bas : POTIER. »

Jean de Lastic ne laissa pas échapper cette occasion de montrer son zèle et son courage dont le roi eut lieu d'être satisfait, car il avait alors à sa charge une compagnie de 360 arquebusiers qu'il entretenait à ses frais. Le 17 mars 1596, le roi lui écrivait encore :

« Monsieur de Sieughac, me voulant préualloir du plus grand nombre de forces que me sera possible pour opposer à celles que les Espagnols me veulent jetter sur les bras pour empêcher l'effect et le fruit prest à recueillir de l'entreprise que j'ai faicte pour le siége de cette ville de La Fère, je mande à mon nepueu le comte d'Auvergne de me venir au plus tôt trouver avec les troupes qui sont soubs sa charge, outre lesquelles je faicts encores estat avec son assistance d'ung bon nombre de fidelles et affectionnés seruiteurs qui sont en son gouvernement et de vous entre autres que je conuie à accompagner en cette occasion et amener avec vous le plus que vous pourrez de vos amis. Vous ne pouvez vous employer en aulcune autre dont vous rapportiez plus d'honneur et moi de contentement que la présente. A laquelle m'asseurant pour ce que vous ne manquerez selon l'instance que je vous en faicts et vous sera plus expressément dit par mon nepueu, je prierai Dieu qu'il vous ayt, Monsieur de Sieughac, en sa saintè garde.

« Escript au camp de Saint–Seny, le XVIIᵉ jour de mars 1596.

« HENRI.

« Et plus bas : POTIER[1]. »

---

1. Les autographes originaux de toutes ces lettres sont conservés

Jean de Lastic reçut du même roi des lettres de commissions, sauvegarde et protection à la date du 12 décembre
1607 et 6 août 1610; il y est qualifié de baron de Sieujac,
d'Alleuse, de Neuvéglise et de la Trémollière. Le duc Charles
d'Orléans lui écrivit aussi pour l'inviter à assister aux états
de Pont-du-Château. Ces lettres ont moins d'importance que
les précédentes.

Retiré dans son château de Sieujac qui deux fois pris par
l'ennemi était enfin rentré au pouvoir de son maître légitime, il y vécut noblement et s'occupa de ses intérêts et de
l'administration de ses biens. Dubourg, baron du Saillant,
épousa l'une de ses filles par contrat du 21 juin 1598, et le
24 février suivant donna à son beau-père quittance de 1000
écus sols en déduction de la dot de sa femme et en outre
lui paya la même somme pour l'indemniser de la perte
qu'il avait éprouvée lors du traité de Saint-Flour.

Le 20 juin 1607, Jean de Lastic rendit hommage simple
à la Cour des comptes de Paris pour sa terre de Sieujac
mouvante de la couronne, à cause de la vicomté de Murat
dont elle dépendait.

En 1610, Charles de Noailles, promu à l'évêché de Saint-
Flour, fit son entrée dans cette ville. Jean de Lastic,
vassal de l'évêché pour sa seigneurie du Buisson, alla
rendre hommage à l'évêque, le 28 septembre, jour de son
entrée solennelle au palais épiscopal, et tint la bride d'un
magnifique cheval, superbement caparaçonné, sur lequel
était monté le prélat. Une brillante procession le suivait
et un concours immense de peuple assistait à cet imposant
spectacle. L'évêque fut ainsi escorté depuis la porte de
la ville jusqu'à celle de la cathédrale où il mit pied à

---

dans les archives du château de Parentignat; l'orthographe en a été
suivie exactement ; mais les abréviations ont été complétées pour
plus de clarté.

terre. Là le baron de Sieujac lui fit une profonde révérence, selon le cérémonial, enfourcha le cheval et retourna dans son château où il le laissa dans ses écuries : car, en vertu du droit coutumier, il l'avait ainsi acquis en toute propriété.

Voulant éviter toute contestation après sa mort, il fit, le 12 juin 1610, donation entre vifs à Philibert son fils de tous ses biens situés en pays coutumier de la Haute-Auvergne et y ajouta la seigneurie importante de Neuvéglise avec ses dépendances : la Trémollière, le Buisson, Sieujac et Saint-Georges. Il fit ensuite un testament par lequel il légua à sa fille cadette la somme de 7000 écus sols. Par un codicille du 24 octobre de la même année il ajouta 1500 livres au legs fait à sa fille et chargea Philibert de lui payer 5000 livres de plus à l'époque de son mariage.

Le président de Vernyes dit que Jean de Lastic fut un des plus grands hommes de son temps et le plus brave capitaine que la ligue ait eu en ces provinces. Jean de Mordezun, historien de cette époque, dit aussi qu'il était un seigneur très-expert dans les affaires et dans les armes, et il ajoute qu'ayant voulu à soixante-dix ans dompter un jeune cheval, il fit une chute des suites de laquelle il mourut, le 27 mai 1611. On l'enterra dans l'église paroissiale de Saint-Georges, ainsi qu'il l'avait demandé. Il avait épousé, par contrat du 28 janvier 1573, Madeleine d'Espinchal, dame d'honneur de Marguerite reine de France, fille de feu Pierre, seigneur d'Espinchal et de Jeanne de Léautoing de Montyon. De ce mariage naquirent :

1° Philibert, qui suit ;

2° Jean, qui eut un fils abbé de Bredon, lequel résigna son bénéfice en faveur de Jean-Antoine de Lastic, son cousin germain ;

3° Jeanne, mariée en 1598 à Louis du Bourg, baron de Saillant ;

4° Marguerite, mariée par contrat du 21 novembre 1619 à Jacques de Séverac, baron de la Garde. Elle était morte sans postérité le 10 avril 1636.

XVI. PHILIBERT DE LASTIC baron DE SIEUJAC, etc. MARGUERITE DE BEAUFORT DE CANILLAC (1620).

Philibert de Lastic, chevalier, seigneur baron de Sieujac, de Saint-Georges, Alleuse, Neuvéglise, la Trémollière, le Buisson et autres lieux, institué par son père héritier universel de tous ses biens, fut fait par lettres de la reine mère Marie de Médicis, du 30 septembre 1630, capitaine de Châteauneuf, dont il prit possession le 18 décembre suivant. Il testa le 13 juillet 1637, ordonna sa sépulture en l'église paroissiale de Saint-Georges, fonda une messe en l'honneur de la sainte Vierge chaque premier dimanche du mois et une messe des morts tous les lundis, fit divers legs à ses enfants et institua François, l'aîné, son héritier universel. Il était mort le 5 août suivant, que sa femme prenait la qualité de tutrice de ses enfants.

Marié le 9 juin 1620 à Marguerite de Beaufort, fille de feu Jean Claude de Beaufort, vicomte de Canillac, de la Mothe et de Montboissier, chevalier de l'ordre du roi, gentilhomme ordinaire de sa chambre, capitaine de cinquante hommes d'armes, conseiller en son conseil d'État et privé, lieutenant-général pour Sa Majesté au gouvernement du bas pays d'Auvergne, et de Gabrielle, dame de Dienne, il en eut :

1° François, qui suit ;

2° Jean Antoine, écuyer, vicomte de Sieujac, prieur d'Allange et de Bredon, après son cousin germain, acheta de Louis XIV la vicomté de Murat, en Auvergne, dont il prit possession en grand apparat [1] et mourut en 1709 ;

3° Gabrielle, mariée à Louis d'Oradour, marquis de Saillant ;

4° Autre Gabrielle, dite la jeune, religieuse de la Visitation-Sainte-Marie, à Saint-Flour, rappelée dans le testament de son père qui lui légua quinze cents livres.

XVII. FRANÇOIS Ier DE LASTIC marquis DE SIEUJAC., etc. LOUISE DE PEYRONNENCQ DE SAINT-CHAMARAND (1673).

François Ier de Lastic, marquis de Sieujac, baron de Saint-Georges, d'Alleuse, Neuvéglise et la Trémollière, seigneur du Buisson, des paroisses de Valère, Saint-Just, Challier et autres dans l'élection de Saint-Flour, capitaine de Châteauneuf, en survivance de son père, prit possession de cette charge le 16 novembre 1639 et prêta serment devant le juge de la vicomté de Murat. Il servit en Catalogne en qualité de guidon dans la compagnie du duc de Candole et fut blessé au combat de Salsonne, le 19 septembre 1665. Le duc lui écrivit une lettre de félicitations sur sa belle conduite. Il fournit un écuyer pour servir à sa place à la convocation du ban de la noblesse, fit don, le 16 juin 1683, au chapitre collégial de Saint-Flour, de la somme de cent livres, à la charge de dire des prières pour le repos de l'âme de sa défunte femme.

Louis XIV le félicita sur ses loyaux services et lui écrivit plusieurs lettres qui témoignent de la confiance qu'il avait

[1]. *Voir* aux preuves et éclaircissements la note F.

en sa droiture et ses lumières. En voici une qui est ainsi conçue :

« Monsieur le marquis de Sieujac, ayant réglé par ma déclaration du 28 de ce mois que les rolles de la capitation, en ce qui regarde les gentilshommes, seront arrêtés par les intendants conjointement et de concert avec un gentilhomme de chaque baillage que je choisirai, et estant informé de votre zèle pour mon service et de la connaissance particulière que vous avez de la noblesse du baillage de Saint-Flours, je vous ai choisi pour travailler avec le sieur Dublerger, intendant en Auvergne, à la confection du rolle de la capitation, et je m'assure que vous l'aiderez de vos lumières afin que l'imposition soit faite avec le plus d'équité qu'il sera possible.

« Sur ce je prie Dieu qu'il vous ayt, Monsieur de Sieujac, en sa sainte garde. Écrit à Versailles, le XXXIᵉ jour de janvier 1695.

« LOUIS. »

« Contresigné : PHILIPEAUX. »

Le marquis de Lastic de Sieujac mourut fort âgé en 1716 ; il avait épousé le 21 mai 1673, Louise de Peyronnenc de Saint-Chamarand, fille de feu Antoine, seigneur de Marsénas, Livinhac et autres lieux, maître d'hôtel du roi, maréchal des camps et armées de Sa Majesté, mestre-de-camp d'un régiment de cavalerie et de Marie de Grignolles. Leurs enfants furent :

1° François, qui suit ;

2° Louis-Henri, qui succéda à son oncle Jean-Antoine dans le prieuré de Bredou ;

3° Marie-Claire, mariée en 1696 à François de Malvas, chevalier, marquis d'Yollet, seigneur d'Auteras, la Feilhouse, Beaulieu, Entragues et autres lieux, maréchal des camps et armées du roi, mestre-de-camp du régiment de Berry cavalerie, mort en 1729, treize ans avant sa femme ;

4° Marguerite, qui se fit religieuse et devint abbesse de Sainte-Claire de Clermont. Elle mourut, comme sa sœur, en 1742.

XVIII. FRANÇOIS II MARQUIS DE LASTIC COMTE DE SIEUJAC.

MARIE DE LA ROCHE-AYMON (1706).

François II, marquis de Lastic, comte de Sieujac, vicomte de Murat, par donation de son oncle, baron de Saint-Georges et de la Trémollière, seigneur d'Alleuse, le Buisson et autres lieux, acquit la terre et le château de Parentignat en Auvergne. Né le 8 avril 1680, il était page du roi dans la grande écurie, le 13 février 1694, lieutenant dans le régiment du roi infanterie, le 18 janvier 1700, capitaine en 1702, et mourut vers 1740.

Le marquis de Lastic avait épousé, le 26 août 1706, Marie de la Roche-Aymon, fille de Renaud, comte de la Roche-Aymon, Mensac, Lavaud, Humes, Saunat et autres lieux, et de Géneviève de Baudry de Piencourt. Elle était sœur du cardinal de ce nom, archevêque-duc de Reims, premier pair ecclésiastique, grand aumônier de France, etc., et était morte en 1754, laissant de son mariage :

1° François, qui suit ;

2° Antoine, d'abord prieur d'Allanche, abbé de Saint-Guilhem-du-Désert, évêque de Comminges, sacré en 1740 ; nommé ensuite évêque, comte et pair de Châlons-sur-Marne en 1763, année de sa mort ;

3° Charles-Antoine Renaud, vicomte de Lastic, né en 1713, chevalier de l'ordre de Saint-Jean-de-Jérusalem, fit ses preuves pour Malte en 1728, le 12 novembre, fut premier gentilhomme de S. A. S.

Mgr le duc de Penthièvre, brigadier des armées du roi en 1748, et mourut en 1750;

4° Angélique-Isabelle, mariée en 1742 à Policraté de Pérusse, marquis des Cars, de Montal et de la Roquebron, seigneur de Carbonnières.

XIX. FRANÇOIS III MARQUIS DE LASTIC.
HÉLÈNE CAMUS DE PONTCARRÉ (1726).

François III, marquis de Lastic, comte de Sieujac, vicomte de Murat, baron de Saint-Georges, d'Alleuse et la Trémollière, seigneur du Buisson, de Parentignat et autres lieux, né en 1706, fut premier lieutenant de la compagnie écossaise des gardes-du-corps du roi, brigadier de cavalerie en 1745, maréchal de camp le 10 mars 1748, lieutenant général des armées du roi le 25 juillet 1762[1], commandeur de l'ordre royal et militaire de Saint-Louis, et mourut en 1772. Il avait épousé, en 1726, Madeleine-Hélène Camus de Pontcarré, sœur de la marquise d'Urfé et fille de Nicolas-Pierre Camus, seigneur de Pontcarré, premier président au parlement de Rouen, et de Marie-Françoise-Michelle de Bragelongue. Leurs enfants furent :

1° François, qui suit ;

2° Charles-Henri, mort en bas âge ;

3° Charles-Antoine, vicomte de Lastic, brigadier des armées du roi, gouverneur de Carcassonne, chevalier de Saint-Louis, marié à Françoise-Pauline-Jeanne-Renée Le Prestre, petite-nièce du maréchal de Vauban, dont il n'eut pas d'enfants. Il mourut assassiné au camp de Jales en 1791 ;

---

1. *Voir* l'*Almanach royal.*

4° Marie-Nicolle , née le 18 octobre 1727, abbesse de l'abbaye royale de Saint-Laurent de Bourges ;

5° Jeanne-Antoinette , mariée en 1755 au comte de Montagnac des Linières, dont elle eut un fils et deux filles.

XX. FRANÇOIS IV comte de LASTIC.
ANNE CHARRON DE MÉNARS (1755).

François IV, comte de Lastic et de Sieujac, vicomte de Murat, baron de Saint-Georges, d'Alleuse , etc. ; né le 13 juillet 1729 , mousquetaire de la seconde compagnie le 1er janvier 1743 , capitaine de cavalerie au régiment de Saint-Jal en 1748, colonel des grenadiers de France en 1755, colonel d'un régiment d'infanterie de son nom en 1761 , brigadier des armées du roi en 1762, maréchal de camp en 1770, lieutenant-général le 1er janvier 1784 [1], commandeur de l'ordre royal et militaire de Saint-Louis, mourut en 1785 [2]. Il avait épousé, le 30 avril 1755, Anne Charron de Ménars, fille de feu Michel Jean-Baptiste Charron, chevalier, seigneur marquis de Ménars, maréchal des camp et armées du roi , mort en 1739, et d'Anne Castéra de la Rivière. Elle apporta en dot les seigneuries du Broc, Gignac, Saint-Ivoine et Béchoux. La comtesse de Lastic fut, en 1763 , dame d'honneur de Mesdames Victoire, Sophie et Louise-Marie de France ; en 1779, de Madame Sophie seule, et en 1783, de Madame Victoire, auprès de laquelle elle resta jusqu'en 1791 [3]. Elle émigra alors en Angleterre. De son mariage sont issus :

1° Anne-François, qui suit ;

2° Alexandre-Esprit-Jean-François , né en 1766, reçu chevalier de Malte de minorité, mort jeune ;

---

1. *Voir l'Almanach royal.*
2. *Voir* aux preuves et éclaircissements, note G.
3. *Voir l'Almanach royal.*

3º Marie-Madeleine Charlotte-Antoinette-Hélène, née en
1765, mariée au comte de Saisseval, officier supé-
rieur de cavalerie et chevalier de Saint-Louis. Elle
fut, ainsi que sa mère, dame d'honneur de Madame
Victoire de France, de 1784 à 1791, époque où elle
émigra.

XXI. ANNE-FRANÇOIS V marquis DE LASTIC.
LOUISE-AUGUSTINE DE MONTESQUIOU
FÉZENZAC (1779).

Anne-François V, marquis de Lastic, comte de Sieujac, vicomte de Murat, baron de Saint-Georges et d'Alleuse, seigneur de Parentignat, etc., embrassa aussi la carrière des
armes et mourut en 1783, à vingt-quatre ans. Il avait épousé
en 1779, suivant son contrat de mariage [1], Louise-Augustine
de Montesquiou de Fézenzac, fille de haut et puissant seigneur Pierre, baron de Montesquiou, marquis de Fézenzac,
seigneur de la châtellenie-pairie de Coulommiers, de Mau-
pertuis, Touquaire, Meilhan et Valentin, premier baron
d'Armagnac, chanoine honoraire d'Auch, capitaine général
des chasses de Sénart, chancelier garde des sceaux, maréchal des camp et armées du roi, premier écuyer de Monsieur,
frère du roi, commandeur de l'ordre royal et militaire de
Saint-Louis, chevalier des ordres militaires et hospitaliers
de Notre-Dame-du-Mont-Carmel et de Saint-Lazare-de-
Jérusalem, et de Marie Hocquart de Montfermeil.

Le 9 janvier 1781, le marquis et la marquise de Lastic
furent reçus chevaliers de Malte, par grâce magistrale.

La marquise de Lastic a été dame d'honneur de Madame

1. *Voir* aux preuves et éclaircissements la note H.

Élisabeth de France de 1783 à 1791 [1]. Cette sainte princesse en parle dans plusieurs de ses lettres avec une bonté qui témoigne de la haute estime et de la vive affection qu'elle lui portait.

Anne-François ne laissa de son mariage qu'une fille, Gertrude-Charlotte-Marie-Octavie de Lastic, dame de Parentignat, qui épousa, le 5 septembre 1807, le comte Annet de Lastic du Vigouroux. Ce mariage mit fin à de longues animosités qui avaient existé entre ces deux branches.

Dans Anne-François de Lastic s'est éteinte, pour la septième fois, la branche aînée; mais elle avait des tiges nombreuses dont la filiation va suivre, d'après l'ordre de primogéniture.

---

1. *Voir* l'*Almanach royal.*

SEIGNEURS DE SAINT-JAL

———————

XV. JEAN JACQUES DE LASTIC seigneur DE GABRIAC.
GABRIELLE D'HÉRAIL dame DE GABRIAC (1568).

Jean-Jacques Ier de Lastic, fils puîné de Claude de Lastic seigneur de Chamboulive et de Sieujac, et de Marguerite des Farges, né vers 1541, fut seigneur de Chamboulive et de Gabriac, en Auvergne et Rouergue; il est rappelé dans le testament de son père qui le substitua à son frère aîné, lui fit un legs de cinq cents livres qui lui serait payé lors de sa majorité et ordonna que, dans le cas où il décéderait mineur, son aîné lui succéderait. Il fit partage avec celui-ci, le 12 mars 1577, en raison de ses droits à la succession de sa mère et, moyennant la somme de cinq cents livres qui lui fut assignée par cet acte, il renonça à toute prétention sur la terre de Sieujac. Il suivit, comme ses ancêtres, la carrière des armes et fut chevalier des ordres du roi. Marié au château de Gabriac, le 15 août 1568, à Gabrielle d'Hérail, dame de Gabriac et de Lugan, il en eut :

1° Thibault, qui suit;

2° Antoine qui vient après;

3° Mathée, mariée le 27 septembre 1600 à François de Vichy, baron de Barbezit et de Chastreix.

XVI. THIBAULT DE LASTIC baron DE GABRIAC.
MARIE DE LA ROCHEFOUCAULT-LANGEAC (1610).

Thibault de Lastic, seigneur baron de Gabriac, chevalier des
ordres du roi, épousa Marie de la Rochefoucault, fille de
Jacques de la Rochefoucault, seigneur de Chaumont, et de
Françoise de Langeac. Dans son contrat de mariage passé le
23 janvier 1610, son père lui substitua son frère puîné Antoine, pour la terre de Gabriac, et il ratifia cette substitution
par son testament. Thibault mourut sans postérité.

XVI *bis*. ANTOINE DE LASTIC baron DE GABRIAC sei-
gneur DE CHAMBOULIVE, etc.
ANTOINETTE D'ESTRESSES dame DE SAINT-
JAL (1625).

Antoine de Lastic, baron de Gabriac, seigneur de Chamboulive, Pierrefite et autres lieux, succéda à Thibault. Il
épousa par contrat du 12 avril 1625, passé au château de
Saint-Jal, en Limousin, Antoinette Roquet d'Estresses,
dame de Saint-Jal et autres lieux, fille de Jean-Jacques
Roquet d'Estresses, vicomte de Beaumont et de Saint-Salvador, et de Catherine Mathiève de Carcassonne de Soubiez ;
il eut de ce mariage :

1.º Jean-Jacques, qui suit ;
2º Jean, qui continuera la descendance ;
3º François, mort sans postérité ;
4º Gaspard, chevalier de Malte ;
5º Autre Jean-Jacques, auteur de la branche des de Lastic
Saint-Jal, du Rouergue et du Quercy ;
6º Mathilde ; 7º Jeanne ; 8º Gabrielle, mortes sans alliances.

5

XVII. JEAN-JACQUES II DE LASTIC vicomte DE SAINT-JAL baron DE GABRIAC, etc.
CLAUDINE DE BOSSUÉJOULS DE ROQUE - LAURE (1655).

Jean-Jacques II de Lastic, vicomte de Saint-Jal, baron de Gabriac, seigneur de Chamboulive, Saint-Salvador, Beaumont et autres lieux, servit vaillamment sous Louis XIII et fut un des soutiens de la royauté pendant les troubles de la Fronde. Il reçut de Louis XIV la lettre suivante en remerciement des services qu'il lui avait rendus :

« Monsieur le vicomte de Saint-Jal, ayant été bien pardevant informé de la diligence, de la générosité et de la vigueur avec lesquelles vous, vos amis et ceux de vos terres, vous êtes portés à ma ville de Brives, pour la défendre des rebelles, après l'avantage qu'ils ont eu à Sarlat, et comme, par votre bonne conduite et celle de mes principaux officiers et serviteurs, étant en ces quartiers-là, vous avez empêché l'armée des rebelles de se prévaloir de l'étonnement qu'ils avaient causé dans le pays et l'avez entièrement rassuré pour mon service, en l'absence du gouverneur de la province, et pendant que mon lieutenant-général au gouvernement d'icelle était éloigné de ce quartier-là, en sorte que, sans votre prompte assistance, ladite ville ni le pays n'auraient pu éviter le pillage et les entreprises des ennemis; j'ai bien voulu vous témoigner par cette lettre, le gré que je vous sais d'un service de cette considération et vous exhorter de continuer à me donner des preuves de votre zèle et crédit aux occasions qui s'offriront de ce côté, vous assurant que vous y serez bientôt appuyé par des forces capables de résister aux ennemis et que je désire singulièrement vous en reconnaître et de vous donner des effets de ma bonne volonté, en ce qui s'offrira pour votre avantage, priant Dieu qu'il vous ait, Monsieur le vicomte de Saint-Jal, en sa sainte garde.

« Paris, le 20 janvier 1653.

« LOUIS. »

« Et plus bas: LE TELLIER. »

Jean-Jacques de Lastic, vicomte de Saint-Jal, maréchal de camp et chevalier des ordres du roi, fut nommé avec son beau-frère, par la noblesse du Rouergue, capitaine du ban et arrière-ban réuni en 1674 pour la guerre que la France soutenait alors contre toute l'Europe [1]. Il avait épousé en 1655 Claudine de Bossuéjouls de Roquelaure, fille du duc de ce nom, dont il eut :

1° François-Antoine, qui suit ;

2° Lucrèce mariée, en 1679, à François d'Albignac, chevalier, seigneur de Triadou, Veyreau, Peyreleau et Saint-Gervais, gouverneur de Meyrueis.

3° Deux autres filles religieuses à Tulle.

XVIII. FRANÇOIS-ANTOINE DE LASTIC vicomte DE SAINT-JAL baron DE GABRIAC, etc.

LOUISE BLONDEAU DE CHAMBON (1686).

François-Antoine de Lastic, vicomte de Saint-Jal, baron de Gabriac, seigneur de Chamboulive, Beaumont, Saint-Salvador et autres lieux, né en 1660, épousa en 1686 Louise de Blondeau de Chambon dont il eut :

1° Jean-Claude, qui suit ;

2° Jean-Charles, chevalier de Saint-Jal, chevalier de Malte, brigadier de cavalerie le 1er mai 1745, chef de brigade des gardes du corps, maréchal de camp le 10 mai 1748, lieutenant-général le 25 juillet 1762 [2], commandeur de Saint-Louis, qui fit toutes les campagnes sous le maréchal de Saxe dont il possédait l'estime et la confiance, et mourut à Tulle vers 1770, sans postérité ;

---

1. *Annales du Rouergue.*
2. *Almanach royal* de 1745 à 1765.

3° Philippe-François successivement vicaire-général des diocèses de Bordeaux et de Rouen, évêque d'Uzès et de Castres en 1736, mort le 25 mai 1752 [1].

4° Philibert, comte de Saint-Jal, brigadier des armées du roi et mestre de camp, colonel du régiment de Saint-Jal cavalerie, chevalier de Saint-Louis, qui épousa Marie-Félicie de Garceval, héritière de sa maison et devint ainsi seigneur de Recoules et de Saint-Geniez-de-Bertrand, dans le Rouergue; il s'y fixa, mourut à Recoules et fut inhumé dans la chapelle du château, le 10 novembre 1761.

Marie-Claudine sa fille, née le 27 septembre 1743, se maria en 1765, à François III de Levezou IX comte de Vesins, baron de Castelmus, brigadier des armées du roi et mestre de camp de cavalerie, et se retira, après la mort de son mari, au couvent de la Visitation du Puy, où elle prit le voile. Elle y mourut en 1818.

XIX. JEAN-CLAUDE DE LASTIC marquis DE SAINT-JAL baron DE GABRIAC, etc.

MARIE-MARGUERITE BASIN DE BEZONS (1720).

Jean-Claude de Lastic, marquis de Saint-Jal, vicomte de Comborn et de Beaumont, baron de Gabriac, seigneur de Chamboulive, né en 1690, brigadier de cavalerie en 1734, maréchal de camp le 1er janvier 1740, lieutenant-général des armées du roi le 1er mars 1745 [2], commandeur de l'ordre royal et militaire de Saint-Louis, gouverneur de Charleville et de Mézières, ne laissa que deux filles de son mariage avec Marie-Marguerite Basin de Bezons, fille du maréchal de France de ce nom, gouverneur de Cambrai, grand croix de

---

1. *Voir* aux preuves et éclaircissements la note I.
2. *Almanach royal* de 1734 à 1760.

Saint-Louis, chevalier des ordres du roi et de Marie de Ménestrel.

La marquise de Saint-Jal mourut à vingt-trois ans, laissant :

1º Louise-Jacqueline, mariée en 1741 à Louis-Gilbert Gaspard, comte de Laqueille, marquis d'Amanzé et de Chateaugay, brigadier des armées du roi;

2º Marie-Marguerite, qualifiée de haute et puissante dame dans son contrat de mariage avec Claude de Lasteyrie, marquis de Saint-Viame, comte du Saillant et d'Ajoc, seigneur de la Bastide, de la Morélie, de Montbron et autres lieux, grand sénéchal du Limousin, maréchal des camps et armées du roi et chevalier de Saint-Louis.

Les terres seigneuriales de Saint-Jal et de Gabriac, quoique substituées jusqu'à la quatrième génération par Antoine de Lastic, passèrent dans ces deux familles, l'acte de substitution ayant disparu du trésor du château de Saint-Jal, après la mort du marquis [1].

XVII bis. JEAN DE LASTIC COMTE DE SAINT-JAL, ETC.
MARTINE DE PLASSE DAME DE CORRÈZE (1672).

Jean de Lastic, fils puîné d'Antoine de Lastic et d'Antoinette d'Estresses, comte de Saint-Jal, seigneur du Mont-de-Saint-Jal, Pierrefite et la Vialle, né au château de Saint-Jal, le 6 octobre 1634, brigadier de cavalerie, chevalier de Saint-Louis, épousa à Tulle, par contrat du 17 juillet 1672, Martine de Plasse, fille et héritière de Jacques de Plasse, seigneur de Corrèze et de la Noaille et de Marguerite de Teyssier. Ils n'eurent qu'un enfant qui suit :

---

1. *Voir* aux preuves et éclaircissements la note J.

XVIII. FRANÇOIS DE LASTIC comte DE SAINT-JAL, etc. ANNE-MARIE DE PYNIOT (1700).

François de Lastic, comte de Saint-Jal, seigneur du Mont-de-
Saint-Jal, de Corrèze, Pierrefite, la Vialle et autres lieux, né
au château de Corrèze le 30 octobre 1673, capitaine au régiment de dragons de Lestrade, chevalier de Saint-Louis,
épousa à Poitiers, le 4 mai 1700, Anne-Marie de Pyniot,
dame de Puychenin, le Breuil, le Vivier et la Guérinière,
fille de messire Jacob de Pyniot et de dame Claude-Aymer
d'Anglier, veuve de messire Charles Guischard, chevalier,
seigneur d'Orfeuille, dont elle avait eu un garçon et deux
filles mariées, l'une à messire comte de Chateigner de
Rouvre, et l'autre à messire Chevalier seigneur de la Coin-
tardière, des Essarts, etc., chevalier. Le comte de Saint-
Jal mourut vers 1740 et laissa de ce mariage :
  1º Jean-François, qui suit ;
  2º Louis-Romain, qui vient après ;
  3º Marie-Claude-Françoise, mariée à Léonard de Conte,
    chevalier, comte de Beyssac ;
  4º Et trois autres filles mortes à Niort et à Saint-Maixent,
    sans postérité.

XIX. JEAN-FRANÇOIS DE LASTIC comte DE SAINT-JAL, etc. ROSE GENTET DE LA CHÉNELIÈRE (1735).

Jean-François de Lastic, comte de Saint-Jal, seigneur du
Mont-de-Saint-Jal, la Vialle et autres lieux, capitaine
dans la seconde compagnie des mousquetaires du roi, chevalier de Saint-Louis, était un officier remarquable par sa
taille, sa force et sa distinction. Il fut nommé commandant
en second d'un des escadrons de la noblesse formés du ban
du Haut-Poitou tenu le 15 juin 1758. Marié à Fontenay-
le-Comte en 1735, à Rose Gentet de la Chénelière qu'il

institua son héritière, il mourut sans postérité, en 1789,
quelque temps après la tenue de l'assemblée de la noblesse
aux États généraux, à laquelle il assista pour la sénéchaussée de Brives.

XIX *bis*. LOUIS-ROMAIN DE LASTIC vicomte DE SAINT-
JAL, etc.

ANNE THOREAU dame DE MAISONNEUVE (1761).

Louis-Romain de Lastic, vicomte de Saint-Jal, seigneur de la
Guérinière, le Vivier, la Noaille et autres lieux, né au château de Puychenin, en Poitou, le 18 novembre 1709, successivement exempt, aide-major des gardes du corps du roi,
colonel, mestre-de-camp d'un régiment de cavalerie, chevalier de Saint-Louis, mourut le 21 juillet 1785. Il avait
épousé, par contrat passé à Paris, le 4 septembre 1761,
Anne Thoreau, dame de Maisonneuve, dont il eut :

1° Pierre-Romain, né le 8 août 1762, qui a fait la campagne d'Italie et y est mort sans postérité, en 1798,
emporté par un boulet;

2° Jean-François-Charles, qui suit;

3° Louis-René, né en 1769, élève des écoles royales et
militaires, qui a fait également la campagne d'Italie
et est mort à Milan, en 1798, des suites de ses bles-
sures, sans postérité;

4° Suzanne-Sophie-Henriette, née le 24 mai 1770, mariée
en 1795, à Niort, à Pierre Bouchet de Martigny, capitaine de cavalerie, chevalier de Saint-Louis, lieu-
tenant-colonel de la légion des Deux-Sèvres, en 1792,
morte sans postérité, le 13 octobre 1843;

5° Julie, née en 1772, pensionnaire de l'Institut royal de
Saint-Cyr, morte sans alliance, en 1798.

XX. JEAN - FRANÇOIS - CHARLES comte DE LASTIC SAINT-JAL.

URSULE DE LA TOISON DE ROCHEBLANCHE (1801).

Jean-François-Charles, comte de Lastic-Saint-Jal, né à Paris le 12 janvier 1764, élève des écoles royales et militaires, colonel au service de S. M. britannique, à l'armée de Saint-Domingue, pendant l'émigration, chevalier de Saint-Louis, par brevet du 15 novembre 1796 confirmé en 1814, mort à Poitiers le 16 juillet 1848, se maria à Londres, par contrat du 14 mars 1801, à Ursule-Françoise-Henriette de la Toison de Rocheblanche, née à Saint-Domingue, le 2 mars 1779, morte à Poitiers au mois d'avril 1836, fille de Louis, marquis de la Toison de Rocheblanche, seigneur de Vosgien, capitaine de cavalerie, chevalier de Saint-Louis, et de dame Ursule de Caradeuc [1].

De ce mariage sont nés :

1° Philippe-Ursule-Charles qui suit;

2° Pierre-Henri-Alfred, vicomte de Lastic-Saint-Jal, né au château de Martigny, près Niort, le 19 décembre 1803, employé dans les finances jusqu'en 1830, ancien président de la Société libre d'Agriculture des Deux-Sèvres, fondateur, en 1831, du *Vendéen, journal du Poitou*, rédacteur en chef de l'*Étoile de l'Ouest*, en 1850, et de plusieurs autres feuilles périodiques, politiques et agricoles, auteur d'ouvrages historiques, marié, le 25 juin 1827, à Fanny-Anne-Marie de Margadel, fille de Louis, chevalier de Margadel, colonel de cavalerie, chevalier de Saint-Louis, officier de la Légion d'Honneur, député du Morbihan, et de Joséphine Bossard du Clos. De ce mariage deux enfants :

1. *Voir* aux preuves et éclaircissements la note K.

Marie-Louise-Henriette, née le 11 avril 1828, au château du Grador, près Vannes mariée en 1853 à Amable Louveau de la Guigneraye, colonel d'infanterie, officier de l'ordre impérial de la Légion d'Honneur, chevalier du Medjidié, et décoré de la médaille de la reine d'Angleterre, pour la guerre de Crimée.

Jean-Henri-Charles, baron de Lastic-Saint-Jal, né à Niort, le 3 décembre 1832, marié, en 1864, à Caroline Léveling, fille du colonel de ce nom mort commandant de Mostaganem, et de dame de Busanceley. De ce mariage un fils Jean-Alfred-Paul, né le 31 octobre 1867.

3° Louis-Céleste-Romain, comte Romain de Lastic Saint-Jal, né à la Villedieu, le 17 avril 1805, élève de l'école royale et militaire de Saint-Cyr, chevalier de la Légion d'Honneur, a fait avec distinction la campagne d'Alger en 1830, en qualité de lieutenant au 30° de ligne [1] et s'est marié en 1833 à Henriette-Mary Hyde de Neuville, fille de Paul, comte Hyde de Neuville, et de dame Marie d'Espinville. De ce mariage quatre enfants :

Paul, mort sans alliance ;

Guillaume-Henri-Romain, comte Guillaume de Lastic Saint-Jal, né au château de Lestang, près Sancerre, le 28 août 1837, officier au Mexique dans les contre-guérillas, décoré de la médaille de la valeur mexicaine et chevalier de l'ordre de Notre-Dame de la Guadalupe ;

Jehan-Théodore-Romain, comte Jehan de Lastic Saint-Jal, né au château des Bordes, près Poitiers, le 1er août 1839, chevalier de l'ordre royal du Christ

---

1. *Voir* aux preuves et éclaircissements la note L.

de Portugal, marié le 23 novembre 1867 à Gabrielle Dieudonné d'Arrentières ;

Marie-Thérèse, morte en bas âge.

4o Dominique-Marie, baron de Lastic-Saint-Jal, né à la Villedieu le 12 février 1807, élève de l'école royale et militaire de Saint-Cyr, a fait la campagne d'Alger en 1830, comme sous-lieutenant au 30ᵉ de ligne et s'y est distingué par son courage et son sang-froid [1]. Il mourut à la Villedieu le 15 novembre 1831, lieutenant au 1ᵉʳ léger et chevalier de l'ordre royal de la Légion d'Honneur, sans postérité.

5° Louis-Gaston, baron de Lastic Saint-Jal, né à la Villedieu le 27 novembre 1816, inspecteur des douanes, marié à Eudoxie Berardi, dont deux fils :

Léon, mort à deux ans en 1847 ;

Raoul, né le 3 septembre 1847.

6° Marie-Charlotte-Aménaïde, née le 4 novembre 1808, mariée en 1831 à Louis de Potier, général de brigade, commandeur de l'ordre impérial de la Légion d'Honneur, chevalier de l'ordre de Saint-Ferdinand d'Espagne ;

7° Herminie-Charlotte, née le 21 novembre 1810, mariée à René Pruel ;

8° Charlotte-Victoire, née en 1813, morte en 1821.

XXI. CHARLES comte DE LASTIC SAINT-JAL.

MATHILDE DE VEILLECHÈZE DE LA MARDIÈRE (1829).

THÉRÉZA DE LA MAZIÈRE (1836).

Philippe-Ursule-Charles, comte de Lastic Saint-Jal, inspecteur-général des haras impériaux, officier de la Légion

---

1. *Voir* aux preuves et éclaircissements la note M.

d'Honneur, auteur d'un ouvrage estimé sur les chevaux, intitulé l'*Ami de l'éleveur*, et de nombreux articles publiés dans les journaux hippiques, né à Paris le 22 janvier 1802, marié en premières noces en 1829, à Mathilde de Veillechèze de la Mardière, dont un fils unique,

Henri-Charles-Marie Dieudonné, qui suit;

Et en seconde noces, à Théréza de la Mazière, dont il a:

1° Gaston-Charles, vicomte de Lastic Saint-Jal, officier des haras impériaux;

2° Jeanne-Marie, mariée en 1866 à Horace Piacenti, de Florence;

3° Thérèse.

XXII. HENRI COMTE DE LASTIC SAINT-JAL.
MARIA DE FOUCHIER (1862).

Henri-Charles-Marie Dieudonné, comte de Lastic Saint-Jal, né à Poitiers le 9 septembre 1833, marié le 6 mai 1862, à Maria de Fouchier, dont est né un fils:

XXIII. CHARLES-ALMIRE MARQUIS DE LASTIC SAINT-JAL.

Né le 17 juin 1863, qui continuera la descendance.

Le comte de Lastic Saint-Jal habite le château de la Boutière, près Lencloître.

SEIGNEURS DE SAINT-JAL

DEUXIÈME BRANCHE EN ROUERGUE ET QUERCY.

XVII. JEAN-JACQUES Ier COMTE DE LASTIC SAINT-JAL. JEANNE DE BOYER (1673).

Jean-Jacques Ier, comte de Lastic Saint-Jal, seigneur de Montbrun, en Rouergue, et de Bordes, cinquième fils d'Antoine
de Lastic, baron de Gabriac et d'Antoinette d'Estresses, dame
de Saint-Jal, épousa, en 1673, Jeanne de Boyer, dont il eut :

   1° Jean-Jacques, qui suit ;

   2° Françoise, mariée à Raymond, seigneur de la Garde.

XVIII. JEAN-JACQUES II COMTE DE LASTIC SAINT-JAL. MARIE DE CHAUVREAU DE ROCHEFORT (1718).

Jean-Jacques II, comte de Lastic Saint-Jal, seigneur de Montbrun et de Bordes, épousa, en 1718, Marie de Chauvreau
de Rochefort, et en eut :

   1° Claude-Marie, qui suit ;

   2° Jean-Marie, vicaire général de Monseigneur de Bernis,
     archevêque d'Alby et cardinal ;

   3° Anne-Marie-Claudine, religieuse ;

   4° Jeanne-Claude, née en 1723, qui fit profession le 15
     octobre 1745, dans l'ordre de Saint-Louis des dames

de Saint-Cyr où elle avait été élevée. Elle devint en 1790 économe de l'Institut et mourut le premier avril 1792, à soixante-neuf ans [1].

5° Quatre autres filles, mortes sans alliances, dont l'une fut élevée à l'Institut royal de Saint-Cyr.

XIX. CLAUDE-MARIE comte DE LASTIC SAINT-JAL.
HENRIETTE DE LA CAPELLE DE CAS (1767).

Claude-Marie, comte de Lastic Saint-Jal, seigneur de Saint-Antonin, de Montbrun et de Bordes, aide-de-camp du duc d'Aiguillon, brigadier de cavalerie, gouverneur de Carcassonne, chevalier de Saint-Louis, épousa, en 1767, Henriette de la Capelle, dame de Cas et Cuzoul. A la suite de son mariage, il se fixa en Rouergue, et représenta la noblesse de cette province aux assemblées des États généraux, en 1789, pour la sénéchaussée de Villefranche, et avait été en 1779 membre de l'administration provinciale de la Haute-Guyenne. Il eut pour enfants :

1° Jean-Henri, qui suit;

2° Marie-Charles-Honoré, reçu chevalier de Malte de minorité, le 6 août 1775, abbé de Castelnau, mort à Malte en 1793.

3° Jérôme, vicomte de Lastic Saint-Jal, reçu chevalier de Malte de minorité, le 5 février 1781, sous-préfet d'Espalion et ensuite de Lectoure, marié en 1805, à Jenny de Chazelles, fille de Messire Jacques Scipion, comte de Chazelles, maréchal des camps et armées du roi, chevalier de Saint-Louis, et de Jacquette de Montlauzun. De ce mariage sont nés :

Ernestine, sans alliance;

---

1. *Hist. de Saint-Cyr*, par Th. LAVALLÉE.

Caroline, morte religieuse du Sacré-Cœur.

Louis-Marie, vicomte de Lastic Saint-Jal, marié en 1842, à Agnès de Turner, dont il a trois enfants : Harold, Gabrielle et Marie.

Il habite le château de Salet, près Saint-Antonin.

4° Maximilien, officier d'artillerie, mort à Pavie, sans alliance ;

5° Gabrielle, élève de l'Institut royal de Saint-Cyr, morte fille;

6° Caroline, mariée à Louis de Gastebois, officier des haras royaux.

XX. JEAN-HENRI comte DE LASTIC SAINT-JAL.
CHARLOTTE DE PORTELANCE (1802).

Jean-Henri, comte de Lastic Saint-Jal, capitaine de cavalerie, dans le régiment de Piémont avant l'émigration, chevalier de Saint-Louis, inspecteur-général des haras royaux, assista en 1789, pour la sénéchaussée de Montauban, à l'assemblée générale des Trois Ordres du Quercy, tenue à Cahors. Marié en 1802, à Charlotte-Caroline de Portelance, il en a eu deux enfants :

1° Jean-Charles-Jérôme-Albert, qui suit ;

2° Henriette-Charlotte mariée, en 1827, au comte de Levezou de Vesins, officier de cavalerie et ensuite des haras royaux.

XXI. ALBERT comte DE LASTIC SAINT-JAL.
LAURA TOLLEMACHE (1859).

Jean-Charles-Albert-Jérôme, comte de Lastic Saint-Jal, né au château de Montauban le 17 décembre 1817, marié le

8 novembre 1859 à Laura Tollemache, fille de l'honorable
Arthur Tollemache et de Catherine Scheppem, de la haute
aristocratie anglaise, mort le 11 décembre 1865, a laissé
deux enfants :

    1° Albert-Marie-Joseph-Henri, qui suit ;

    2° Albéric-Marie-Arthur-Jean, enfant posthume, né le
      12 mai 1866.

XXII. ALBERT-MARIE-JOSEPH-HENRI comte DE LASTIC SAINT-JAL,

Né le 8 février 1861, continuera la descendance.

    La comtesse de Lastic Saint-Jal habite le château de
Montauban.

SEIGNEURS

DE LA VERGNETTE ET DU VIGOUROUX

EN AUVERGNE.

XIV. JEAN-JACQUES DE LASTIC seigneur DE LA VER-GNETTE.
ALBARDINE DE GUELLE (1526).

Jean-Jacques de Lastic, cinquième fils de Louis, baron de Lastic, de Rochegonde et autres lieux, et d'Anne de la Fayette, seigneur de la Vergnette, de la Fonthio et d'Auzolles, en Auvergne, épousa, en 1526, Albardine de Guelle, dame de la Chaumette, dont il eut un seul fils, qui suit.

XV. JACQUES DE LASTIC DE LA VERGNETTE.
ANTOINETTE DE JULIEN dame DE JARY (1578).
ANTOINETTE DE TORDES (1585).

Jacques de Lastic, seigneur de la Vergnette, de la Fonthio, etc., épousa en 1558 Antoinette de Julien, dame de Jary, dont il eut une fille, Jeanne, mariée à Louis de Traverse de Murat, seigneur de Saint-Eble. Il épousa en secondes noces, en 1585, Antoinette de Tordes dont il eut :

    1° Annet qui suit ;

    2° Louis, seigneur d'Auzolles, marié à Antoinette de Massebeau et mort sans postérité.

XVI. ANNET Ier DE LASTIC DE LA VERGNETTE.
FRANÇOISE DE BERTHOMIER (1607).

Annet Ier de Lastic, seigneur de la Vergnette, de Vigouroux, de la Fonthio, d'Auzolles, de Belmur [1] et de Lathérisse, épousa en 1607 Françoise de Berthomier dont il eut :

    1° Annet II qui suit ;

    2° Antoinette, mariée à Jean, seigneur de Caumeils ;

    3° Anne, mariée à Pierre de Chaudesaignes de Tarrieux, seigneur de la Barie.

XVII. ANNET II DE LASTIC DE LA VERGNETTE.
MARIE DE LA VOLPILIÈRE (1638).

Annet II de Lastic, seigneur de la Vergnette, de Vigouroux, etc., épousa en 1638 Marie de la Volpilière dont il eut :

    1° Annet III qui suit ;

    2° François, baron du Vigouroux, marié à Élisabeth de Rupt, en 1708, auteur de la branche de Lastic de Naxos ;

    3° Guillaume, marié en 1714 à Marguerite de Bonafox de Bellinais, auteur de la branche de Lastic de Lescure ;

    4° Louis, mort célibataire ;

    5° Marie ; 6° Françoise ; 7° Madeleine, religieuses.

XVIII. ANNET III DE LASTIC comte DE VIGOUROUX.
FRANÇOISE DE GASQUET (1663).

Annet III de Lastic, comte du Vigouroux, seigneur de la Vergnette, etc., marié en 1663 à Françoise de Gasquet dont il eut:

---

1. *Voir* aux preuves et éclaircissements la note N.

1° Annet IV qui suit;

2° Jacques; 3° François, morts sans alliance;

XIX. ANNET IV DE LASTIC comte DU VIGOUROUX.
MARIE DE LA FAYE (1692).

Annet IV de Lastic, comte du Vigouroux, seigneur de la Vergnette, etc., épousa en 1692 Marie de la Faye et mourut très-jeune laissant sa femme enceinte de :

XX. ANNET V DE LASTIC comte DU VIGOUROUX.
MARGUERITE DE COSTE (1720)

Annet V de Lastic, comte du Vigouroux, seigneur de la Vergnette et autres lieux, se maria en 1720 à Marguerite de Coste, dont il eut :

1° Annet VI, qui suit;

2° Guillaume, capitaine d'une compagnie de grenadiers, chevalier de Saint-Louis;

3° Jean-Pierre, théologal de Saint-Sernin de Toulouse;

4° François, capitaine au régiment d'Auvergne, chevalier de Saint-Louis, qui habita longtemps le château de Vigouroux et prit part aux assemblées de la noblesse, aux États généraux de 1789 tenus à Riom, pour la sénéchaussée d'Auvergne. Il s'était marié en Flandre, s'y retira à la révolution, et y est mort, ainsi que sa femme, sans postérité;

5° Marthe-Valentine, religieuse à Chaudeseignes;

6° Cinq autres garçons morts en bas âge et quatre filles sans alliances.

XXI. ANNET VI DE LASTIC comte DU VIGOUROUX.
MARIE-CHRISTOPHE COLOMB (1742).
MARIE-PÉTRONILLE DE·VAL DU BHAN (1768).

Annet VI de Lastic, comte du Vigouroux, seigneur de la Vergnette et autres lieux, épousa en premières noces, en
1742, Marie-Christophe Colomb dont il n'eut pas d'enfant,
et en secondes noces, en 1768, Marie-Pétronille de Val du
Bhan dont il eut :

1° Annet VII qui suit ;
2° Melchior, chevalier de Lastic, officier de cavalerie,
mort sans postérité ;
3° Marie-Madeleine, mariée à Jean-Raymond Rancillac
de Chazelles, capitaine d'état-major.

XXII. ANNET VII DE LASTIC comte DU VIGOUROUX.
OCTAVIE DE LASTIC DE SIEUJAC (1807).

Annet VII Joseph, comte de Lastic, seigneur du Vigouroux,
de la Vergnette et autres lieux, né en 1769, page de
Louis XVI de 1780 à 1789, chambellan de l'impératrice Joséphine, capitaine de cavalerie, inspecteur général des
haras en 1814, membre de la chambre des députés de 1828
à 1830, pour le département du Cantal, chevalier de Saint-
Louis et de la Légion d'Honneur, épousa en 1807 Gertrude-
Charlotte-Marguerite-Octavie de Lastic de Sieujac, dame de
Perentignat et de Murat ; il est mort le 22 octobre 1866 et a
eu de son mariage :

1° Annet VIII qui suit ;

2° Annet-François-Melchior Harold, comte Harold de
Lastic, chevalier de la Légion d'Honneur, par or-
donnance du 27 novembre 1844, capitaine aux

chasseurs à pied où il a fait les campagnes d'Afrique
de 1837 à 1846, époque de son mariage, à Laval,
avec Eugénie Bénier, dont il a deux enfants :

Jean-Annet-Edmond, né en 1849 ;

Anne-Françoise-Marie, née en 1847, mariée en
1867 à René vicomte de Causans, fils puîné du marquis de ce nom.

3° Annet-François-Octave, vicomte de Lastic, directeur
de l'asile impérial du Vésinet, marié en 1836 à Françoise Pothier de Maizeroy dont il a :

Annet-François-Édouard, sorti officier de Saint-
Cyr au 9ᵉ chasseurs à cheval, passé au 3ᵉ régiment
des chasseurs d'Afrique, marié en 1866 à Margue-
rite-Ulgrin de Taillefer, dont un fils Annet-Henri né
en 1867 ;

Louis ;

Marie-Françoise-Édith.

XXIII. ANNET VIII MARQUIS DE LASTIC.
AMÉLIE HUMBLOT (1836).

Annet VIII, François-Antoine, marquis de Lastic, premier
page de Charles X, en 1830, marié en 1836 à Amélie
Humblot, nièce du pair de France, morte en janvier
1868. Il en a eu un fils :

XXIV. ANNET IX COMTE DE LASTIC.
LOUISE DE VALLIN (1862).

Annet IX, François-Alphonse, comte de Lastic, né en 1839,
marié en juin 1862 à Louise-Henriette de Vallin, fille du
comte de Vallin et de Clotilde de la Guiche, mort le 9 octobre 1867, laissant trois fils :

1° Annet X, François-Joseph-Jean, qui suit ;

2° Annet Louis-Philibert, né en août 1865 ;

3° Annet-Alphonse, né huit jours après la mort de son
père.

XXV. ANNET X, FRANÇOIS-JOSEPH-JEAN MARQUIS DE LASTIC,

Né en avril 1863 qui continuera la descendance.

Le marquis et la comtesse de Lastic habitent le château
de Parentignat.

SEIGNEURS DU VIGOUROUX

BRANCHE ÉTABLIE A NAXOS.

XVIII. FRANÇOIS DE LASTIC baron DU VIGOUROUX. ELIZABETH DU RUPT (1708).

François de Lastic , baron du Vigouroux, fils puîné d'Annet II de Lastic, seigneur de la Vergnette, etc., et de Marie
de la Volpilière, s'établit en Champagne où il s'était marié
en 1708 , à Elisabeth du Rupt , dont il eut :

XIX. JEAN-BAPTISTE DE LASTIC baron DU VIGOUROUX. CATHERINE LORÉDANO (1741).

Jean-Baptiste de Lastic, baron du Vigouroux, né à Bar-sur-
Aube, major général du prince Ragotty, se fixa à Naxos,
vers 1740 ; il y épousa en 1741 Catherine Lorédano, dont
il eut :

    1° Philippe , qui suit ;
    2° Achille, qui entra dans les ordres sacrés ;
    3° Hyacinthe, mort jeune ; et trois filles.

XX. PHILIPPE I DE LASTIC baron DU VIGOUROUX. BRÈNE ALBY (1763).

Philippe I de Lastic, baron du Vigouroux , gouverneur d'une
province russe, mourut dans son gouvernement ; il avait
épousé en 1763 Brène Alby , dont il eut :

1o Gaspard, qui suit;

2o Deux autres garçons morts en bas âge et deux filles.

XXI. GASPARD 1 DE LASTIC baron DU VIGOUROUX.
MARIE DE SOMMERIVE (1793).

Gaspard I de Lastic, baron du Vigouroux, consul de France à Naxos, se maria en 1793, à Marie de Sommerive, dont il eut :

1° Philippe, qui suit;

2° Jean, capitaine d'infanterie au service de France, mort sans postérité;

3° Jean-Jacques, conseiller au ministère des affaires étrangères de Grèce;

4° Et quatre filles sans descendance.

XXII. PHILIPPE II DE LASTIC baron DU VIGOUROUX.
HÉLÈNE BAROZZI (1819).

Philippe II de Lastic, baron du Vigouroux, consul de France à Naxos, se maria en 1819 à Hélène Barozzi, dont il a eu :

1° Gaspard II, qui suit;

2° Sept autres enfants.

XXIII. GASPARD II DE LASTIC baron DU VIGOUROUX.
MARIE BAROZZI (1850).

Gaspard II de Lastic s'est marié en 1850 à Marie Barozzi, sa cousine, et continuera la descendance.

_____

SEIGNEURS D'UNZAC

EN AUVERGNE, BRANCHE ÉTEINTE.

———◆———

BERTRAND DE LASTIC SEIGNEUR D'UNZAC.
JEANNE DE MONTLAUR (1395).

Bertrand, dit Bayart, écuyer, fils puîné de Jean Bompar VII, seigneur de Lastic et de Valeilles et de Hélis de Montsalez, seigneur d'Unzac et de Segonzac, de Boscarat et de la Chaumette, servit en qualité de chevalier bachelier à la garde et défense du pays d'Auvergne, sous le commandement de Poncet de Lansac. Il est mentionné dans un arrêt du parlement de 1461, concernant Robert Bompar son fils. Il avait épousé en 1395 Jeanne de Montlaur, dont il eut :

1º Robert Bompar, qui suit ;
2º Adhémar, chevalier de l'ordre de Saint-Jean-de-Jéru-
    salem, qui servit à la défense de Rhode en 1480 ;
3º Jean, mort en bas âge.

ROBERT BOMPAR DE LASTIC SEIGNEUR D'UNZAC.
ANTOINETTE DE MAUBEC (1435).

Robert Bompar de Lastic, seigneur d'Unzac, de Segonzac, Boscharat, la Chaumette, Clémensac, Enval et Lodières, rendit foi et hommage pour ces seigneuries en 1453 au baron de Mercœur ; il était mort avant 1480, et avait épousé en 1435 Antoinette de Maubec, de laquelle il eut :

1º Barthélemy, qui céda son droit d'aînesse à son frère
Hector, et renonça à tous ses droits et prétentions à
la succession de sa mère, moyennant une pension
annuelle et viagère de 200 livres tournois, laquelle
cesserait d'avoir lieu quand il aurait obtenu des bénéfices ecclésiastiques jusqu'à la valeur de 350 livres
tournois de rente ;

2º Hector , qui suit ;

3º Marguerite, mariée à Claude de Solignac, chevalier,
seigneur de Vieilarmé.

HECTOR DE LASTIC SEIGNEUR D'UNZAC.
GERMAINE DE COMMINGES (1510).

Hector de Lastic, chevalier, seigneur d'Unzac, de Segonzac,
Boscharat, Lodières et autres lieux, rendit foi et hommage
pour ses terres d'Enval et de Boscharat, à Antoine, duc de
Calabre et de Lorraine. Ayant épousé en 1510 Germaine
d'Espagne, fille d'Arnaud de Comminges, dit d'Espagne IV,
seigneur de Montespan, qui lui laissa 5,000 livres par testament, et de Madeleine d'Aure, il testa en sa faveur et mourut quelques années après son mariage.

Germaine d'Espagne se remaria, par contrat du 28
août 1542, à Louis de Fassenage, seigneur de Baure, qu'elle
déshérita, par testament du 1er septembre 1547, en raison
de sa conduite déréglée et de ses mauvais traitements envers
elle. Elle mourut sans postérité en 1549, que Roger d'Espagne, baron de Montespan, son frère, plaidait avec Louis de
Fassenage, contre lequel il obtint des lettres royaux pour
rentrer dans les biens d'Hector de Lastic. Il y est dit que ce
dernier, lors de son mariage avec Germaine d'Espagne, était
âgé de plus de soixante-dix ans, tandis qu'elle était très-
jeune. Le baron de Montespan et Thibaud de Lastic plai-

daient encore au sujet de cette succession le 9 mai 1554 [1].

Hector de Lastic avait eu une fille naturelle du nom de Jeanne, qu'il maria à Louis d'Apchier, seigneur de Brosledoux. Elle apporta en dot à son mari la seigneurie de Lodières, en la paroisse de Montchamp, avec toute justice haute, moyenne et basse. Louis d'Apchier rendit aveu, à cause d'elle, au duc de Lorraine, de Calabre et de Bar, baron de Mercœur, le 1er septembre 1538, et était mort le 26 août 1561, que sa veuve renouvela son aveu au même prince.

Avec Hector de Lastic s'est éteinte la branche des seigneurs d'Unzac et de Segonzac.

---

1. Le P. ANSELME, *Hist. généal. de France.*

SEIGNEURS DE SAON ET D'URRE

EN DAUPHINÉ, BRANCHE ÉTEINTE.

JEAN Ier DE LASTIC.
ANTOINETTE DE LAMBILLO (1434).

Jean I de Lastic, troisième fils d'Étienne IV, seigneur de
Lastic, Montsuc, Valeilles, etc., et d'Agnès de Taillac, fut
grand-panetier du roi et sénéchal du Poitou. Il se maria,
en 1434, à Antoinette de Lambillo, dont il eut :

1o Jean, qui suit;

2o Étienne; 3o Gabriel, tous les deux chanoines comtes
de Lyon.

JEAN II DE LASTIC SEIGNEUR DE SAON ET D'URRE.
ALIX DE LAUTELME (1469).

Jean II de Lastic, seigneur de Saon et d'Urre, en Dauphiné,
archer de la garde du roi, mit le Pape Sixte IV en possession du duché de Valentinais, en vertu de la commission
royale qu'il avait reçue en 1483. Il s'était marié, en 1469,
avec Alix de Lautelme, dame de Saon et d'Urre, dont il eut
un fils unique, qui suit; il testa en 1497, quelques années
avant sa mort.

JEAN III DE LASTIC seigneur DE SAON ET D'URRE.
JEANNE DE PUYGROS (1495).

Jean III de Lastic, seigneur de Saon et d'Urre , servit comme
son père et épousa, en 1495, Jeanne de Puygros dont il eut :

    1o Honorat, qui suit ;
    2o Annet, homme d'armes des ordonnances du roi , dans
        la compagnie du sire de Créqui ;
    3o Blanche, morte sans alliance.

HONORAT DE LASTIC seigneur DE SAON ET D'URRE.
BENOITE DE MEYRIES (1523).

Honorat de Lastic, seigneur de Saon et d'Urre, embrassa aussi
la carrière des armes et se maria, en 1523, avec Benoite de
Meyries, dont il eut :

    1o Jacques, qui suit ;
    2o Adrien, chanoine comte de Lyon ;
    3o Guillaume , cornette de la compagnie des gens de
        guerre du sire d'Estresse, mort sans alliance.
    4o Edme, archer de la compagnie du seigneur de Suze,
        homme d'armes des ordonnances du roi , sans pos-
        térité connue.

JACQUES DE LASTIC seigneur DE SAON ET D'URRE.
JEANNE DE SAINT-FÉRÉOL (1558).
AGNÈS DE MONTAGUT (1571).

Jacques de Lastic, seigneur de Saon et d'Urre, écuyer, épousa,
en 1558, Jeanne de Saint-Féréol , morte sans postérité. Il
se remaria, en 1571, avec Agnès de Montagut , dont il eut :

    1o Raymond, qui suit ;
    2o Charlotte ; 3o Luce ; 4o Judith, mortes sans postérité.

RAYMOND DE LASTIC SEIGNEUR DE SAON ET D'URRE.
FRANÇOISE DE CHAFFIN DE VALNARÈS (1589).

Raymond de Lastic, seigneur de Saon et d'Urre, écuyer, se maria, en 1589, avec Françoise de Chaffin de Valnarès, embrassa le calvinisme, ainsi que sa femme, et fut un des chefs du parti huguenot, en Dauphiné. Le roi de Navarre, qui le comptait au nombre de ses fidèles compagnons d'armes, l'aimait, l'estimait et voulut être un des témoins de son mariage. Raymond de Lastic servit longtemps sous le brave de Lesdiguières, et mérita ses éloges dans maintes circonstances. Les catholiques le redoutaient, et l'armée que commandait Louis de la Vallette, duc d'Épernon, dans la province, ayant assiégé le fort de Saon et ne pouvant le prendre, y mit le feu. Raymond de Lastic préféra y être brûlé plutôt que de se rendre. Un seul fils naquit du mariage de Raymond.

GASPARD Ier DE LASTIC SEIGNEUR DE SAON ET D'URRE.
MARIE DE DURAND (1624).

Gaspard Ier de Lastic, seigneur de Saon et d'Urre, écuyer, porta aussi les armes et resta fidèle à Louis XIII pendant les troubles qui agitèrent son règne. Il épousa, en 1624, Marie de Durand, dont il eut :

    1º Gaspard II, qui suit ;
    2º Marie, mariée à Joseph-Pierre-Louis de Blain de
        Marcel, marquis du Poët.

GASPARD II DE LASTIC SEIGNEUR DE SAON ET D'URRE.
LUCRÈCE D'ARBALESTRIER (1655).

Gaspard II de Lastic, seigneur de Saon et d'Urre, écuyer, épousa, en 1655, Lucrèce d'Arbalétrier, dont il eut :

1° Charles, qui suit ;
2° Charlotte, mariée à Ménil seigneur de Mesnil.

CHARLES DE LASTIC SEIGNEUR DE SAON, ETC.

Charles de Lastic, seigneur de Saon, de l'hôtel d'Urre et de Valnarès, revint à la religion catholique. N'ayant pas d'enfant, il institua pour ses héritiers, par testament du 24 juillet 1723, Gaspard et Lucrèce de Mesnil, ses neveux, auxquels il laissa tous ses biens, leur substituant René-Antoine de Latour-du-Pin-Gouvernet, marquis de Montauban, et François de Blain de Marcel, marquis du Poët Célard, ses cousins.

Avec Charles de Lastic s'est éteinte la branche des seigneurs de Saon, d'Urre et de Valnarès [1].

1. *Voir* aux preuves et éclaircissements la note O.

SEIGNEURS DE LESCURE

EN AUVERGNE, BRANCHE ÉTEINTE.

GUILLAUME DE LASTIC seigneur DE LESCURE.
MARGUERITE DE BONAFOX DE BELLINAYS (1714).

Guillaume de Lastic, seigneur de Beaulieu, la Fonthio, Bosselet, Liadouze, Sainte-Marie et de Bousquet, troisième
fils d'Annet II, seigneur de la Vergnette et du Vigouroux,
et de Marie de la Volpilière, épousa en 1714 Marguerite de
Bonnafox de Bellinays, qui lui apporta la seigneurie de
Lescure[1], et dont il eut :

1° Hugues, qui suit;

2° Pierre-Joseph, nommé évêque de Rieux en 1770, sacré
au mois de juillet 1771, mort à Mont-Ferrat, en
Espagne, pendant l'émigration ;

3° Jean, chevalier de Lastic, maître d'artillerie, enseigne
en 1758, capitaine des vaisseaux du roi en 1774,
chevalier de Saint-Louis, mort sans alliance, au
château de la Majorie, en Limousin ;

4° Henri, abbé d'Hauteval, vicaire général de Rieux,
pendant l'épiscopat de son frère.

_____

1. *Voir* aux preuves et éclaircissements la note P.

HUGUES vicomte DE LASTIC seigneur DE LESCURE.
MARIE-SUZANNE DE BEAUCLAIR (1750).
ANTOINETTE DE SCORAILLES (1763).

Hugues, vicomte de Lastic, seigneur de Lescure, Beaulieu, Bosselet et autres lieux, exempt des gardes du corps, maréchal des camp et armées du roi [1], chevalier de Saint-Louis, procureur général syndic de la noblesse et du clergé à l'assemblée provinciale d'Auvergne, tenue à Clermont-Ferrand, en novembre 1787, fut exécuté à Paris, comme conspirateur des prisons, en 1794. Il avait épousé, en 1750, Marie-Suzanne de Beauclair, dont il eut deux filles, et en 1763, Antoinette de Scorailles, dont il n'eut pas d'enfant.

Ses filles furent :

1° Suzanne, mariée au comte de Floirac;
2° Antoinette, élève de l'Institut de Saint-Cyr, mariée au comte de Pesteils de la Majorie.

Dans Hugues de Lastic s'est éteinte la branche des seigneurs de Lescure.

---

1. Voir l'Almanach royal.

SEIGNEURS DE FOURNEL

EN GÉVAUDAN, BRANCHE ÉTEINTE.

JACQUES DE LASTIC seigneur DE FOURNEL.
MARIE D'APCHIER D'AUTEVILLE (1616).

Jacques, bâtard de Lastic, fils naturel légitimé de Thibaut,
  baron de Lastic et de Jeanne de Var, seigneur de Fournel,
  de la Bastide et de Champcaille, en Rouergue, capitaine de
  cent arquebusiers à cheval, fut anobli par lettres royaux
  du mois de mai 1618, registré à la chambre des comptes de
  Montpellier, le 14 février 1620, en considération de ses ser
  vices militaires. Il se distingua de nouveau, au siége de La
  Rochelle, et avait épousé en 1616, Marie d'Apchier d'Auteville, fille de Jean, bâtard d'Apchier, seigneur d'Auteville,
  et d'Anne de Maumont; il testa le 16 août 1628, et laissa
  de son mariage un fils, qui suit :

PHILIBERT DE LASTIC seigneur DE FOURNEL.
LOUISE DE COULLET (1644).

Philibert de Lastic, seigneur de Fournel, de la Bastide et de
  Champcaille, gentilhomme ordinaire de la chambre du roi,
  et commissionné pour la tenue des États de Languedoc, eut
  ses lettres de légitimation et de noblesse confirmées en 1656,
  par lettre du roi, pour ses bons et loyaux services. Il épousa
  en 1644 Louise de Coullet, dont il eut :

7

1° Florimont, qui suit ;

2° César, religieux prieur de Saint-Antoine ;

3° Charles, mort au service, capitaine de cavalerie ;

4° Pierre, chanoine.

FLORIMONT DE LASTIC baron DE FOURNEL.
N. DE CORNUEL (1673).

Florimont de Lastic, baron de Fournel, de Lodières et de
Faverolle, seigneur de la Bastide, de Champcaille, Noulliac
et la Vacherie, épousa en 1673 N. de Cornuel, dont il eut :

1° Joseph qui suit ;

2° Marie, demoiselle de la Vacherie, élève de l'Institut
royal de Saint-Cyr et l'une des actrices d'*Esther*, y
fut reçue dame de Saint-Louis.

Mᵐᵉ de Maintenon écrivait de Chantilly, le 12
mars 1693, à Mᵐᵉ la supérieure du Pérou : « Vous
avez raison de tout disposer pour la prise d'habit
de mes filles ; mais comment pouvez-vous être in-
certaine du jour ?... Pour moi, je serai également
prête jeudi ou vendredi. M. Racine, qui veut pleurer
ma sœur de Lastic, aimerait mieux vendredi, ce
n'est pourtant pas une raison pour rien changer. »
Elle sortit de Saint-Cyr en 1698 pour entrer dans
l'ordre du Carmel [1].

JOSEPH DE LASTIC comte DE FOURNEL.
N. DE BOUNIER (1701).
PHILIBERTE DE BÉRAIL (1708).

André-Joseph de Lastic, comte de Fournel, de Lodières et de
Faverolles, seigneur de la Bastide et autres lieux, épousa

---

1. *Voir* aux preuves et éclaircissements la note Q.

en 1701 N. de Bounier, morte sans enfants. Il se remaria, en 1708, avec Philiberte de Bérail, dame de Farges, dont il eut un fils :

HYACINTHE DE LASTIC comte DE FOURNEL.
MARIE DE LA ROCHEFOUCAULT (1738).

Hyacinthe de Lastic, comte de Fournel, de Lodières et de Faverolle, seigneur de la Bastide, Champcaille, la Vacherie, Rochegonde et Montsuc, épousa en 1738, Marie-Madeleine-Simonne de la Rochefoucault, fille de Jean-Antoine, chevalier, marquis de Langheac, comte de Saint-Ilpize, et de Marie-Adeline de Michel; elle était nièce de S. Em. Mgr le cardinal de la Rochefoucault, archevêque de Rouen, et apporta à son mari les seigneuries de Rochegonde et de Montsuc, qui avaient appartenu à la maison de Lastic, jusqu'en 1650.

De ce mariage naquirent :

1° Jean-Antoine, qui suit ;

2° Dominique, évêque de Couzerans, sacré en 1780 et qui prit part à l'assemblée de la noblesse de la vicomté de Couzerans, aux États-généraux de 1789. Il avait été vicaire général du diocèse de Rouen, archidiacre du Vexin français et official de Pontoise;

3° Hyacinthe, prieur d'Aubars et de Noaillac;

4° Marie, mariée en 1756 à Dufour, seigneur de Pradt, dont est issu l'abbé Dominique de Pradt, grand-vicaire de Rouen et député des États-généraux en 1791, évêque de Poitiers en 1805, archevêque de Malines, aumônier de l'empereur Napoléon Ier, ambassadeur à Varsovie, sénateur et baron de l'Empire.

JEAN-ANTOINE DE LASTIC comte DE FOURNEL.
F. MARIE DE LA GARDE DE CHAMBONAS (1768).

Jean-Antoine de Lastic, comte de Fournel, de Lodières et de Faverolle, seigneur de la Bastide, d'Allanche, Rochegonde, Lastic et Montsuc, maréchal des camps et armées du roi, chevalier de Saint-Louis, membre de la noblesse aux États-généraux de 1789 pour la sénéchaussée de Saint-Flour et secrétaire de l'assemblée, racheta du comte de Talour d'Auvergne, la seigneurie de Lastic, qui avait été vendue à celui-ci par la famille de la Rochefoucault. Il épousa en 1768 Marie-Françoise-Sophie de la Garde de Chambonas, dont il eut deux filles :

1° Marie-Madeleine-Louise-Amélie, mariée le 23 avril 1799 au comte Géraud-Pierre-Christophe de Michel Duroc, comte de Brion;

2° Marie-Simonne-Agathe, morte en bas âge.

Dans Madame la comtesse de Brion, s'est éteinte la branche des seigneurs de Fournel.

PREUVES ET ÉCLAIRCISSEMENTS.

Note A, *à la page* 1.

Suivant Chabrol il existait deux seigneuries et deux châteaux de Lastic, l'un appelé Lastic et Montsuc, l'autre Lastic et Cistrières. Le second faisait partie du duché de Mercœur; le premier en relevait en fief. En 1773, Louis XV avait acheté le duché de Mercœur pour en faire l'apanage de Mgr le comte d'Artois. Il revendit à François IV comte de Lastic de Sieujac, colonel des grenadiers de France, les mandements de Lastic et Cistrières, Ruines, Corbières, etc. Ils furent acquis en remploi de la dot d'Anne Charon de Mesnars, et comme il n'existait plus de bâtiments à Lastic, on répara quelques parties du château de Ruines qui dominait une ville commerçante, dans la prévôté de Saint-Flour. On y installa les greniers de ces baronnies. Or, comme cette vente ne comprenait que les dîmes, les rentes et le château, le marquis de Lastic perdit les premières, à l'époque de leur suppression, et le château délabré et démantelé lui resta seul. Ces ruines devinrent la propriété du comte de Lastic du Vigouroux, par suite de son mariage avec sa cousine, dernière représentante de la branche de Sieujac, et il les vendit à la commune pour trois cents francs.

Le château de Lastic et Montsuc appartenait dès la plus haute antiquité à la maison de Lastic. En 1611, par suite de mariage, cette seigneurie passa dans la maison de la Guiche et dans celle de La Rochefoucault-Langeac qui la vendit au comte de la Tour-d'Auvergne. Le comte de Lastic de Fournel, seigneur d'Allanche, de Montsuc et de Rochegonde, en fit l'acquisition vers 1775 et la garda jusqu'à la Révolution.

Le château de Lastic était, dit Audigier, placé sur une hauteur à deux lieues de la rivière de la Trueyre ; ses revenus étaient :

Argent,   282 l. 16 s. 6 d.

Froment, 35 septiers, 5 quartons, 3 boisseaux.

Seigle,   269   »   2   »   3   »

Avoine,   339   »   7   »   3 1|2 »

Cire,   15 livres et 1 once.

Et   57 gelines.

Les rentes étaient payées par quinze châteaux, villages et fiefs qui en relevaient.

NOTE B, *à la page* 3.

On lit dans l'*Histoire de la guerre des Albigeois*, écrite en langue romane, dialecte languedocien, traduction de M. Guizot, dans sa collection des *Mémoires relatifs à l'histoire de France* :

« Le comte de Montfort fut averti que le comte Raymond de Toulouse avait la plus grande armée qui se fût jamais vue, dont il fut fort ébahi et non sans cause. D'autre part il sut que le comte Raymond faisait apporter une grande quantité d'engins pour battre et renverser les murs de Carcassonne. Il manda donc par tout le pays et aussi aux garnisons qu'il fallait que chacun se retirât devers lui dans la place menacée et qu'il y avait grande hâte. Et quand tous ses amis et alliés furent assemblés, ils tinrent conseil sur cette affaire pour savoir s'ils devaient attendre le comte et son armée dans Carcassonne, ou ce qu'ils devaient faire, et il demanda que chacun voulût le conseiller et lui dire son avis. Un sage et vaillant homme appelé Hugues de Lastic lui répondit : « Seigneur, mon opinion n'est pas que vous vous teniez ici renfermé ; « mais si vous me voulez croire, vous irez là dehors vers Faujaux les « attendre et demeurer, avec tous vos gens, au plus petit et faible « château que vous ayez dans ces quartiers. » Cette opinion sembla bonne au comte de Montfort et à tous les autres pour montrer qu'ils ne craignaient guère le comte Raymond et fut fait ainsi que l'avait dit le seigneur de Lastic. »

Voici un autre passage abrégé du même ouvrage relatif à des événements qui se passèrent plus tard :

Beaucaire et les villes voisines étaient tombées au pouvoir du géné-

ral des croisés qui avait exigé des habitants le serment de fidélité et
avait laissé une garnison dans le château. Les habitants de Beaucaire profitant de son absence, y firent entrer leur jeune comte avec
des soldats et se soulevèrent: ce qui mit fort en colère Simon de Montfort. Il réunit son conseil, et Guy, son frère, émit le premier son avis
et conclut à ce qu'on réunît de nouvelles forces pour recouvrer tout le
pays et faire alors pendre et étrangler tous ceux qui avaient trahi, en
facilitant l'entrée du comte dans sa ville. Un autre répondit au comte
Guy : « Seigneur, vous devisez fort bien, mais je me doute qu'il en ira
« tout autrement que vous ne dites. Ceux de la ville ne vous ont en
« rien offensé, quand ils ont reçu dans Beaucaire leur seigneur naturel :
« car un serment fait par force ne peut jamais tenir : c'est pourquoi ils
« sont et doivent être absous parce qu'une promesse ne doit pas être
« extorquée et qui a pris et conquis un pays à tort et sans droit, Dieu
« ne veut pas qu'il s'y maintienne. Vous pouvez bien connaître que
« Dieu est contre vous, car ceux qui sont dans la ville font bonne chère ;
« et nous, tout au contraire. C'est pourquoi, seigneur, il me semble
« que vous devez faire quelque accommodement avec le jeune comte. »

Quand le comte de Montfort eût écouté ce que disait celui-ci nommé
Hugues de Lastic, il lui répondit : « Vous avez longuement démontré,
« mais je vous jure Dieu et tous les saints qu'il n'en sera pas ce que
« vous en pensez et qu'avant que vous me voyez à Castelnaudary ou à
« Montréal, j'aurai recouvré Beaucaire et aussi tous nos gens qui sont
« dans le château. »

Alors Valats prit la parole : « En ce cas, seigneur, dit-il, chacun
« pourra bien dire que vous avez bon courage de délibérer ainsi de
« reprendre la ville avec cette quantité de gens qui sont dedans : c'est
« pourquoi je suis d'avis que nous nous fournissions bien de vin et de
« vivres, car je vous promets qu'avant que vous ayez fait tout ce que
« vous dites, nous passerons ici Pâques, la Pentecôte et aussi Noël. »

Le comte Guy reprit : « Mon frère, je vois bien que tous ces gens-
« là s'ennuient et je suis d'avis que si vous pouvez trouver quelque bon
« accommodement à faire, vous le preniez et tâchiez de ravoir vos
« hommes, si cela est possible. »

Le comte se rendit à l'évidence ; il obtint que la garnison du château eût la vie sauve, décampa et marcha sur Toulouse dans l'espoir de
la surprendre. Les faubourgs furent pillés et brûlés, mais la ville sou-

tint le siége et opposa une vigoureuse résistance. Montfort fut repoussé avec grande perte. Un des plus considérables de sa compagnie vint à lui et lui dit : « Seigneur, Toulouse n'est pas mal pris de cet assaut et « nous ne sommes pas mal entrés dans la ville. Votre frère est mort, « votre fils est malement blessé et il y en a tant d'autres tués ou mis « hors de combat que cela ne peut se croire. »

Alors le comte de Montfort répondit : « Seigneur, je vois bien que « notre affaire va mal, mais je vous jure Dieu que nous y mourrons « tous ou je serai vengé de ces traîtres de la ville qui m'ont ainsi « manqué de foi. » Hugues de Lastic dit alors : « Seigneur, cela « s'apprête mal pour que nous prenions vengeance de ceux de la ville ; « ils vous ont tué beaucoup plus de monde que vous ne pensez, et je « crains bien qu'à la fin nous n'y mourrions tous, car je vois que nos « ennemis l'emportent toujours. » Le siége fut levé quelques jours après (1217).

NOTE C, *à la page* 9.

Il existait trois châteaux du nom de Valeilles : le suzerain était tenu par les seigneurs de Lastic dès 1230, le second dont il est ici question appartenait à Bernard de Racher au XIVe siècle, le troisième à une maison de Valeilles. Le nom du premier fut changé en 1472 en celui de Rochegonde, sans doute parce qu'il était bâti sur ce ruisseau. Cette seigneurie considérable resta dans la famille de Lastic jusqu'au XVIe siècle, où elle passa dans les maisons de La Guiche et de La Rochefoucault. Elle rentra dans la possession du comte de Lastic de Fournel en 1738, du chef de Marie de La Rochefoucault-Langeac mariée à Hyacinthe de Lastic, père de Jean-Antoine de Lastic, seigneur de Fournel et d'Allanche, maréchal de camp, qui en jouissait en 1789.

Rochegonde resta jusqu'en 1472 dans la branche directe, laquelle s'éteignit dans Draguinet qui n'eut que des filles. Pons de Lastic, son frère, reprit la descendance mâle, et Jean Roux capitaine et bailli de Rochegonde lui remit, par ordre de Draguinet, les clefs de la forteresse et lui ouvrit les portes du château. En 1522, Anne de La Fayette, veuve de Louis de Lastic, en prit possession, le 29 juillet, à titre de douaire.

La seigneurie de Rochegonde suivit le sort du château de Lastic et fut partagée en trois, après être sortie de la maison.

En 1538, Thibaud de Lastic avait délaissé la jouissance de Rochegonde à Louis de Lastic, grand-prieur d'Auvergne. En 1550 le château avait été fortifié à cause des guerres civiles, et en 1594 les huguenots s'en emparèrent. « Le seigneur de Lastic, dit le président de Vernyes dans son *Mémoire* sur l'Auvergne, possède une maison très-forte à Rochegonde, en laquelle il y a une pièce de canon moyenne. Elle est du nombre des forteresses quasi imprenables, tenues par les ennemis du roi. Si vous y venez forts vous y serez combattus par la nécessité et âpreté du pays et par l'incommodité que ceux du château vous donnent. Le canon ne peut rouler et vous ne pouvez y camper plus de quatre mois. Si on y va faible, on est battu, car on ne peut être secouru. »

Jacques bâtard de Lastic avait eu de Thibaud son père quelques dépendances de Rochegonde qui arrondirent la portion de cette seigneurie, lorsqu'elle entra plus tard dans sa maison.

NOTE D, *à la page* 22.

On lit dans l'*Histoire des chevaliers de Rhodes*, par Eugène Flandin, publiée en 1864 :

« En remontant de chaque côté du pont de Rhodes, on suit une continuité de remparts et de bastions avec fossés et contrescarpes. Les embrasures rapprochées s'ouvrent pour une nombreuse artillerie. Quelques portes voûtées et défendues par des ouvrages avancés donnent entrée dans la place, comme autrefois elles facilitaient aux chevaliers ces sorties hardies dans lesquelles ils bouleversèrent si souvent les batteries turques. La plupart d'entre elles sont surmontées de figures de saints et d'armoiries, parmi lesquelles on remarque celles des grands-maîtres d'Aubusson, Emery d'Amboise, de Lastic, Villeneuve et Zacosta.

« .... En remontant la rue des chevaliers on voit encore d'autres blasons, ceux entre autres de Jean de Lastic et de Roger de Pins... Une porte en ogive qui la termine à sa partie supérieure est surmontée d'un cadre au milieu duquel se reconnaît le blason de Jean de Lastic... Tout l'ensemble des édifices qui dominaient la ville date des premiers grands-maîtres Villaret, Villeneuve ou Lastic. »

Le même auteur, après avoir raconté le double échec des Égyptiens, poursuit ainsi :

« Le grand-maître qui connaissait le caractère persévérant du kalife, craignait une seconde invasion et un nouveau siége. Il fit un appel au zèle des fidèles d'Europe et à l'assistance des princes chrétiens. Ceux-ci n'y répondirent que par des vœux stériles ; mais la gloire récente dont l'ordre venait de se couvrir engagea beaucoup de jeunes gentils-hommes à prendre l'habit de Saint-Jean. Il s'en présenta un si grand nombre que de Lastic fut obligé d'interdire aux commandeurs d'en recevoir plus que leurs commanderies ne pouvaient en entretenir. La garnison de Rhodes vit ainsi combler les vides produits dans ses rangs par les assauts soutenus contre les Sarrasins.

« Le peu d'appui que le grand-maître avait trouvé auprès des cours chrétiennes lui faisait entrevoir l'avenir sous un jour qui ne laissait pas que de l'inquiéter. Il voulut essayer au Caire des ressources de la diplomatie, afin d'arriver à un traité de paix. Ce fut par l'entremise de Jacques Cœur dont les agents étaient accrédités en Égypte que les conditions en furent débattues et que l'on arriva à un arrangement. »

La *Revue numismatique*, fol. 210, a publié sur les monnaies de Rhodes un article dont nous extrayons ce qui suit :

« Pendant bien longtemps on n'a connu que des monnaies de Rhodes postérieures au XVIe siècle, sauf quatre ou cinq qui lui étaient antérieures. M. Paul Lampros, antiquaire grec, a trouvé depuis 1835 des pièces frappées par six grands-maîtres français, entre autres trois aspres valant huit deniers et émis de 1437 à 1454, c'est-à-dire pendant le magistère de Jean de Lastic. A la face de l'un on lit :

: F : IOHS : D : LASTIC : MAGISTR ⊠ (Frater Johannes de Lastic magister). Jean est agenouillé devant un calvaire. Dans le champ est un écu aux armes de Lastic.

Au revers on lit :

S K ⊠ : OSPITALIS : S : IOHS : IRLIN : R. (Hospitalis sancti Johannis hierosolymitani Rhodi).

Buste de saint Jean portant la croix et l'agneau nimbé.

M. Lampros décrit deux autres aspres qui ne diffèrent du premier que par la légende de la face : IOHS : LASTIC : MAGISTRI :

L'un d'eux porte au revers comme les précédents et de plus : RO (Rhodes).

NOTE E, *à la page* 25.

Montsuc était un château-fort qui avait été depuis la plus haute antiquité dans la maison de Lastic et qui passa dans celle de Taillac par le mariage de Gallienne de Lastic, fille de Bompar III avec Guillaume de Taillac. Il resta dans cette maison jusqu'en 1392.

Astorge de Taillac mourut dans un voyage d'outre-mer, ne laissant que deux filles. L'aînée Agnès, dame de Montsuc, épousa en 1392 Bompar VIII, seigneur de Lastic et de Valeilles. Cette terre rentra ainsi dans la maison cent dix ans après en être sortie. Draguinet de Lastic reprit à son mariage le titre de seigneur de Montsuc qui resta pendant cent quatre-vingt quinze ans dans la famille et passa dans les maisons de La Guiche et de La Rochefoucault avec les châteaux de Lastic et de Rochegonde.

Louis de Lastic avait fait en 1587 à Gabrielle de Foix sa nièce une donation qui fut attaquée par la dame de Bournoncle, sa mère. Il intervint un arbitrage le 28 mars 1598, par lequel les seigneurie et château de Montsuc furent adjugés à Gabrielle, mariée alors à Philibert d'Apchier. Dans cet acte était insérée une clause de retour dans le cas où l'une des parties contractantes décéderait sans enfants. La dame d'Apchier n'en eut pas, mais sa mère eut de son second mari Louise de la Guiche qui porta en dot, par contrat du 10 mai 1611, la terre de Montsuc à Louis de la Rochefoucault. Leur fils Jean en fit hommage au baron de Mercœur en 1670.

Pendant les guerres de religion, les huguenots s'emparèrent de Montsuc. Le duc de Nemours gouverneur de l'Auvergne se saisit de cette place qu'il remit au seigneur de Gibertès, lequel la rendit sans indemnité au sieur d'Apchier. Jean de la Guiche la revendiqua du chef de sa femme et s'en rendit maître en l'absence du comte d'Apchier, qui fut condamné, par arrêt de mai 1592, à en laisser le seigneur de la Guiche paisible possesseur. Le comte s'y refusa, réunit les troupes qu'il

avait conduites à l'amiral de Joyeuse et assiégea Montsuc. Il allait le
battre en brèche par le canon quand on convint que la place serait
remise au seigneur de Gibertès jusqu'à la conclusion de ce débat.

Enfin cette seigneurie passa au comte Hyacinthe de Lastic de Fournel, lieutenant-général des armées du roi, par son mariage avec Marie
Simonne de la Rochefoucault-Langeac. Leur fils Antoine la possédait
encore en 1789.

Note F, *à la page* 51.

Avant 1650, Murat et ses environs eurent une large part dans les dégâts,
vexations et pillages commis par les huguenots. En 1697, après la des-
truction du château, la vicomté qui était restée un certain nombre
d'années réunie à la couronne fut engagée par Louis XIV à Jean Antoine
de Lastic de Sieujac, abbé de Brédon, conjointement avec son frère
François. Le prieur de Brédon s'en réserva la jouissance sa vie durant.
Dans cette vente étaient comprises les châtellenies d'Albepierre et Les-
bras avec droits de justice, de greffe civil et criminel et de geôle, droits
sur étangs, moulins, prés, forêts, etc. Les deux frères en acquittèrent le
prix, soixante et onze mille cinq cents livres, suivant quittances des 25 et
29 avril 1697. Le 5 juillet M. de Chadefaud, en vertu d'une procuration
de l'abbé de Sieujac, prit possession de la vicomté de Murat et de ses
dépendances avec tout le cérémonial d'usage. Ces formalités durèrent
jusqu'au 13. Le 21, l'abbé de Sieujac arriva à Brédon ; les consuls allè-
rent au-devant de lui jusqu'au Pont du Vernet, quelques notables pous-
sèrent jusqu'à Malampèse.

Depuis plus d'un siècle et demi Murat n'avait pas reçu son vicomte
dans ses murs. L'arrivée de l'abbé de Lastic fut donc l'occasion de fêtes
brillantes relatées par Teillard de Chabrier, procureur du roi aux Gabelles
du Languedoc. Cette narration est un tableau fidèle des mœurs de l'époque.

Le 28 juillet le nouveau seigneur fit son entrée à Murat. Les consuls
du chapitre, quarante-deux des principaux habitants à cheval, le lieutenant criminel de Traverse, Teillard son assesseur, étaient allés à sa
rencontre. Au pont se trouvait une garde d'honneur de vingt hommes
armés et de quatre suisses qui accompagnèrent le vicomte par toute la
ville, deux devant et deux derrière. Le corps des pénitents et les

Récollets l'attendaient devant l'hôpital et lui adressèrent des compliments. Là il prit place sous un dais porté du côté gauche par deux consuls et à droite par le lieutenant criminel et son assesseur. Sur la place deux cents personnes, sous les armes, formèrent la haie. La suite du vicomte de Murat se composait du comte de Sieujac son frère, de l'abbé de Bonneuil, de plusieurs gentilshommes parmi lesquels figuraient les seigneurs de Malempèse et d'Auteroche. Après le *Te Deum* chanté dans l'église principale, on prit une collation et les deux frères de Lastic mirent le feu aux pièces d'artifice.

Le lendemain à leur réveil, ils reçurent une aubade des tambours et des fifres de la ville. L'arceau de la porte Molinier était tapissé de lierre et au bas étaient peintes, à droite les armes du vicomte avec leur couronne, à gauche, celle des prieurs de Brédon couronnées de deux rameaux d'olivier entrelacés. Entre les deux écussons était écrit : *Dignus utrâque.* Au-dessus de tout étaient les armes de Lastic avec leurs supports. Autour s'élevaient des pyramides couvertes des louanges et des allusions les plus flatteuses sur la double qualité de prieur et de vicomte. Ainsi sur les armes de Lastic, Bredon et Allanche était posée une couronne avec ces mots : *Te trinis aucta incrementis coronat*; en face des armoiries du chapitre une colonne avec : *Ornando sustinet;* en face de celles de Brédon, un Apollon et: *Hoc gaudent pastore greges;* en face de celles de la ville un Hercule et: *Muratensibus suus Alcídes;* sur les faces des pyramides brillaient au-dessous des armes de Lastic, celles de Brédon, de la ville et du chapitre, ornées de légendes qui enchérissaient encore sur les précédentes, avec une épée et un bâton pastoral, en santoir, sur un fond semé de L et de fleurs de Lys.

Nous passons les dédicaces latines inscrites au bas du piédestal, à côté de la porte Molinier et à la porte de l'église, ainsi que le motet qui fut chanté lorsque le vicomte eut pénétré dans le chœur et se fut assis sous le dais. Il y est appelé la joie, l'espérance, le bonheur des clercs et du peuple ; mais tous ces compliments nous semblent dépassés par le cartouche suivant que l'avocat Vergne avait écrit sur sa porte :

« Issu de la race des rois,
Ayez pitié de votre ville ;
Son bonheur dépend de vos lois :
Je le dis avec plus de mille.
Tous les habitants de ce lieu,
Comme moi, bénissent leur Dieu. »

Le 1ᵉʳ août le vicomte de Murat et l'abbé de Bonneuil rendirent les visites, la première aux consuls, la seconde au chanoine du chapitre, etc., en suivant l'ordre des préséances.

La vicomté de Murat resta dans la maison de Lastic de Sieujac jusqu'à la Révolution ; elle fut supprimée sous François IV, lieutenant général des armées du roi. Elle comprenait dix mandements, vingt-cinq châteaux-forts, vingt-neuf autres châteaux, cinquante-neuf villages et cent-dix fiefs. Les biens non vendus ont été restitués, en 1815, au comte de Lastic du Vigouroux, mari de la dernière descendance de la branche de Sieujac.

Note G, *à la page* 55.

C'est le comte de Lastic que J.-J. Rousseau a appelé *l'homme au beurre* dans une note impertinente de la *Nouvelle Héloïse*, inintelligible pour quiconque ne connaît pas les deux lettres suivantes :

« A Madame la marquise de Ménars.

« Paris, 20 décembre 1754.

« Madame,

« Si vous prenez la peine de lire l'incluse, vous verrez pourquoi j'ai l'honneur de vous l'adresser. Il s'agit d'un paquet que vous avez refusé de recevoir, parce qu'il n'était pas pour vous, raison qui n'a pas paru si bonne à Monsieur votre gendre. En confiant la lettre à votre prudence, pour en faire l'usage que vous jugerez à propos, je ne puis m'empêcher, madame, de vous faire réfléchir au hasard qui fait que cette affaire parvient à vos oreilles. Combien d'injustices se font tous les jours à l'abri du rang et de la puissance et qui restent ignorées, parce que le cri des opprimés n'a pas la force de se faire entendre ! C'est surtout, madame, dans votre condition qu'on doit apprendre à écouter la plainte du pauvre et la voix de l'humanité, de la commisération ou du moins de la justice.

« Vous n'avez pas besoin, sans doute, de ces réflexions et ce n'est pas à moi qu'il conviendrait de vous les proposer ; mais ce sont des avis qui, de votre part, ne sont peut-être pas inutiles à vos enfants.

« Je suis avec respect, etc. »

L'incluse portant la même date et adressée à M. le comte de Lastic était ainsi conçue :

« Sans avoir l'honneur, Monsieur, d'être connu de vous, j'espère qu'ayant à vous offrir des excuses et de l'argent, ma lettre ne saurait être mal reçue.

« J'apprends que mademoiselle de Cléry a envoyé de Blois un panier à une bonne vieille femme nommée madame Levasseur, et si pauvre qu'elle demeure chez moi ; que ce panier contenait, entre autres choses, un pot de vingt livres de beurre ; que le tout est parvenu, je ne sais comment, dans votre cuisine ; que la bonne vieille, l'ayant appris, a eu la simplicité de vous envoyer sa fille, avec la lettre d'avis, vous redemander son beurre ou le prix qu'il a coûté ; et, qu'après vous être moqué d'elle, selon l'usage, vous et madame votre épouse, vous avez, pour toute réponse, ordonné à vos gens de la chasser.

« J'ai tâché de consoler la bonne femme affligée, en lui expliquant les règles du grand monde et de la grande éducation ; je lui ai prouvé que ce ne serait pas la peine d'avoir des gens, s'ils ne servaient à chasser le pauvre, quand il vient réclamer son bien ; et, en lui montrant combien justice et humanité sont deux mots roturiers, je lui ai fait comprendre à la fin qu'elle est trop honorée qu'un comte ait mangé son beurre. Elle me charge donc, Monsieur, de vous témoigner sa reconnaissance de l'honneur que vous lui avez fait, son regret de l'importunité qu'elle vous a causée et le désir qu'elle aurait que son beurre vous eût paru bon.

« Que si, par hasard, il vous en a coûté quelque chose pour le port du paquet à elle adressé, elle offre de vous le rembourser, comme il est juste. Je n'attends là-dessus que vos ordres pour exécuter ses instructions et vous supplie d'agréer les sentiments avec lesquels j'ai l'honneur d'être, etc. »

Cette lettre est citée avec raison comme un exemple de mordante ironie ; et les éditeurs de Rousseau n'ont pas manqué de l'admettre dans sa correspondance publiée après sa mort. Nous ne l'en aurions pas exhumée si un professeur d'allemand n'avait pas jugé à propos de la donner comme exercice de traduction dans un manuel destiné aux écoles spéciales de l'Université et qui se trouve entre les mains de tous les jeunes gens.

Voici sur ce fait la vérité telle qu'elle nous apparaît :

La fille Levasseur, revêche et acariâtre, comme on sait, vivait alors

publiquement avec Rousseau qui envoyait à l'hôpital les enfants provenant de cette union illégitime. Il fait parade de cette infâmie dans
ses *Confessions*. Sa concubine, aussi peu estimable que lui, en se pré-
sentant chez le comte de Lastic aura parlé avec arrogance et aura été
traitée comme elle le méritait, c'est-à-dire, chassée d'un salon où elle
n'aurait pas dû pénétrer.

Il est aussi plus que probable que madame la marquise de Ménars
fit rembourser le prix du beurre que les gens de son gendre avaient
jugé à propos de s'approprier et qu'elle garda par-devers elle une lettre
dont les conséquences auraient pu être fâcheuses pour le philosophe
qui plaisantait avec une verve par trop mordante et satirique, un jeune
militaire peu habitué à supporter une insulte, sans en obtenir répara-
tion par l'épée ou par le bâton.

Note H, *à la page* 56.

Dans le contrat de mariage de très-haut et très-puissant seigneur,
Monseigneur Anne-François de Lastic, chevalier, marquis de Lastic,
capitaine d'infanterie au régiment de Beaujolais, mineur, avec très-
haute et très-puissante demoiselle Anne-Louise-Hyacinthe-Augustine
de Fézenzac de Montesquiou, mineure.

Stipulent pour l'époux très-haut et très-puissant seigneur Monseigneur François de Lastic, chevalier, comte de Lastic et d'Aleuze, vicomte de Murat, baron de Buisson, seigneur de Sieujac, Neuve-Église,
Lastic, Cistrières, Ruines, Corbière, Tanavelle-Latga, la Tremaillère,
Vabres, Saint-Georges, Varillette, Laval, en haute Auvergne, baron de
Pertus, la Fouillouse, le Broc, Bergonne, Grignac et Saint-Yvoine, seigneur de Parentignat, en basse Auvergne, de Behourt, en pays char-
train et autres lieux, maréchal des camps et armées du roi, et très-
haute et très-puissante dame Anne Charon de Ménars, comtesse de
Lastic, dame de Madame Sophie.

Le mariage fut contracté par la permission de très-haut, très-puissant, très-excellent et très-auguste monarque Louis XVI, par la grâce de
Dieu, roi de France et de Navarre, et de très-haute, très-excellente et
très-puissante princesse Marie-Antoinette, reine, de Monsieur, frère

du roi et de Madame , son épouse, du comte d'Artois, frère du roi, et
de la comtesse d'Artois, de Madame Élisabeth de France, de Mesdames
Marie, Adélaïde, Victoire et Sophie de France, tantes du roi, du prince
duc d'Orléans, et de son fils Louis-Philippe, duc de Chartres, de Madame
Adélaïde de Bourbon Penthièvre, duchesse de Chartres, de Monseigneur
le prince de Condé, du duc et de la duchesse de Bourbon, du prince et
de la princesse de Conty , qui signèrent au contrat, le roi, la reine et la
famille royale au château de Versailles le 31 janvier 1779, les parties
contractantes et d'aucuns des parents et amis, le même jour à l'hôtel
du marquis de Montesquiou, les princes et princesses du sang et autres, les 2, 4, 9, 10 et 18 mars suivant.

Les témoins du côté du futur époux furent la marquise de Ménars,
aïeule maternelle , le vicomte Charles-Antoine de Lastic, brigadier des
armées du roi , gouverneur de Carcassonne, et la vicomtesse de Lastic,
oncle et tante paternels; Charlotte Hélène de Lastic, sœur, Messire
Dominique de Lastic, prêtre, vicaire général du diocèse de Rouen, archidiacre du Vexin français, official de Pontoise, oncle, la comtesse de
Montagnac, tante paternelle, Monseigneur de Rochecouart, duc de Mortemart , pair de France , colonel du régiment de Lorraine, de Rochecouart, marquis de Mortemart, colonel en second de Brie-infanterie ,
Eléazar de Rochecouart marquis de Mortemart, enseigne de vaisseau ,
le comte de la Roche-Aymon, maréchal des camps et armées du roi,
chevalier de ses ordres et gouverneur de Saint-Venant ; le vicomte de la
Roche-Aymon , Mestre en second du régiment de Belzunce-dragons ,
cousins.

Note I, à la page 62.

Après la mort d'Honoré de Quiqueran de Beaujeu , le siége épiscopal
de Castres étant vacant, M. de Lastic de Saint-Jal, François , vint s'y
asseoir en 1736. Il l'occupa pendant l'espace de seize ans et y a laissé
le souvenir de ses vertus. Nous savons qu'il était très-charitable envers
les pauvres auxquels il distribuait la plus grande partie de ses revenus,
et qu'il montra beaucoup de zèle pour la religion. Ce prélat respectable
mourut le 25 mai 1752, dans son palais épiscopal et fut enterré dans
le sanctuaire de son église cathédrale. (MAGLOIRE NAYRAL, *Biographie
castraise.*)

8

NOTE J, *à la page* 63.

Dans l'*Etat de la France* ou *Mémoires* dressés par les intendants
du royaume, par ordre du roi Louis XIV, à la sollicitation de Mgr le duc
de Bourgogne, père du roi Louis XV, par le comte de Boulainvilliers,
2 vol. in-folio, Londres 1727, on lit, à la généralité de Limoges, Mémoire
de Bernages, intendant :

« Parmi les principales seigneuries de la sénéchaussée d'Uzerches,
figurent les terres de Saint-Jal et de Chamboulives. Elles appartien-
nent au marquis de Saint-Jal, du nom de Lastic, comme en Auvergne,
et reproché, comme il y est dit. »

Dans le *Mémoire de la province d'Auvergne*, généralité de Riom,
dressé en 1698 par Le Fèvre d'Ormesson cet intendant signale, parmi
les terres principales relevant de la comté de Carladès ou Carlat, la
vicomté de Murat depuis peu engagée au vicomte de Sieujac, prieur de
Bredon, du nom de Lastic, et parmi les familles les plus marquantes
celle du marquis de Lastic de Sieujac dont il y a eu un grand-maître de
Rhodes en 1437. Il ajoute : « Il était originaire du Dauphiné, mais sa
famille s'établit en Auvergne à la faveur d'un de ses neveux qui en était
grand-prieur et prieur particulier de Bredon.

« La véritable tige des Lastic s'est éteinte dans la branche de La Rochefoucault Langheac, et la médisance veut que celle qui porte aujour-
d'hui le surnom de Sieujac soit issue du même grand-prieur qui laissa
son bénéfice de Bredon à son fils naturel et qui s'est perpétué dans sa
postérité et y a été une source de richesses [1].

« Le marquis de Saint-Jal en Limousin est aussi du nom de Lastic
et puîné de la branche de Sieujac. »

Ces lignes fourmillent d'erreurs quoique écrites par des intendants de
province. La famille de Lastic n'est pas originaire du Dauphiné ; le
grand-prieur Louis de Lastic n'était pas abbé de Brédon ; il n'eut pas

---

1. Cette erreur est renouvelée du président de Vernyes qui dit, dans son
Mémoire, que Jean de Lastic de Sieujac était bâtard du grand-prieur d'Auvergne ; tandis qu'il en était le neveu (P.-J. AIGUEPERSE, *Biographie des
grands hommes de l'Auvergne*).

de bâtard, mais une fille naturelle qu'il dota et maria. Les Laroche-foucault Langheac ne sont pas une branche de Lastic; seulement l'un d'eux a épousé la fille de Thibault de Lastic, cadet de la famille, substitué à ses aînés dans la propriété des seigneuries principales, qui sont ainsi passées dans une maison étrangère. Tous ces faits ressortent de la généalogie qui a été dressée par tous les écrivains experts dans la science héraldique.

Le château de Saint-Jal, à quelques lieues de Brives-la-Gaillarde, a été brûlé et détruit pendant la révolution ; les ruines et les terres qui en dépendaient ont été vendues par la nation.

Le château de Gabriac, situé dans le canton de Sainte-Geneviève, fut aliéné quelque temps avant la révolution et acquis par M. Cayron, d'où il passa par succession aux mains de MM. Labarthe qui en ont été dé-possédés.

Note K, *à la page* 66.

Le contrat de mariage du comte de Lastic de Saint-Jal et de noble demoiselle Ursule de la Toison Rocheblanche, passé à Londres le 14 mars 1801, porte les signatures des parents et amis émigrés comme les époux. Les témoins sont : Ursule de Caradeuc marquise de la Toi-son, le comte et la comtesse de Botherel, le comte et la comtesse G. de Spars, le comte et la comtesse Barentin de Montchal, mère, sœurs et beaux-frères de l'épouse, Ph. F. d'Albignac, évêque d'Angoulême, de Ménars comtesse de Lastic, de Lastic comtesse de Saisseval, parents de l'époux; le baron de Montalembert, le baron de Mornay, le comte de Cottes, le comte de Dien, le marquis et la marquise de Botherel, le vicomte de Bérenger, le chevalier de Barbeyrac Saint-Maurice, le mar-quis de Certaines, le comte Joseph Walsh, etc.

Note L, *à la page* 67.

Voici une pièce trop honorable pour la laisser tomber dans l'oubli.

« Le maréchal de camp, soussigné, ex-colonel du 30e de ligne, certifie avoir présenté pour la décoration Monsieur de Lastic, Romain, lieutenant audit régiment, en récompense de sa belle conduite à la ferme de la Métidja, aux journées des 21 et 23 juillet 1831. Cette présentation fut motivée tant sur le compte qui me fut rendu par M. le commandant Cassagne, à mon arrivée à la ferme, le soir de la première affaire, que sur ce que j'ai vu moi-même le surlendemain, lors d'une sortie que je dirigeai pour délivrer un bataillon du 67e venant d'Alger. Le lieutenant de Lastic et son sous-lieutenant Olivier se précipitèrent si vivement sur l'ennemi, qu'ils étaient prêts de saisir, à la course et au milieu des siens, un chef arabe, lorsque le dernier de ces deux officiers tomba mortellement blessé, en conjurant son lieutenant de ne pas l'abandonner. Cette circonstance seule arrêta M. de Lastic et les grenadiers qui le suivaient.

« J'ai mentionné en outre dans mes mémoires de proposition qu'au moment de son arrivée à la ferme, le premier soir, un cri unanime d'enthousiasme s'éleva vers moi des rangs des grenadiers, en l'honneur de leur lieutenant qui les commandait en l'absence du capitaine, et qu'enfin ses sous-officiers vinrent d'un mouvement spontané me prier de faire tout ce que je pourrais pour leur lieutenant, disant qu'ils seraient tous récompensés en lui. Cette démarche, irrégulière à la vérité, mais faite lorsque le feu de l'ennemi n'était pas encore entièrement cessé, m'a semblé le plus bel éloge que puisse recevoir un officier. Je répète donc en conscience et en honneur que je ne crois pas qu'une récompense puisse être mieux placée.

« Donné à Lyon le 25 juin 1835.

« D'ARLANGES,

« Maréchal de camp commandant la 1re brigade d'Afrique. »

Note M, à la page 68.

Le même motif nous porte à publier les pièces suivantes :

« Le général commandant la 1re brigade de la 3e division atteste avoir désigné nominativement M. de Lastic, Dominique, sous-lieutenant au 30e régiment, dans son rapport sur l'affaire du 27 juin dernier, à la position de *Chapelle et Fontaine*. Ce jeune officier, à la tête d'une section, parvint à repousser l'ennemi qui avait attaqué avec vigueur le poste très-important de la *maison dite crénelée*. Le général ayant en outre, dans le cours de la campagne, eu d'autres occasions de remarquer la belle conduite de M. de Lastic, demanda avec instance à M. le lieutenant-général commandant la division, qu'il fût proposé pour avoir la croix de la Légion d'honneur et la promesse lui en fut faite.

« Le général s'empresse de donner à M. de Lastic, avec ce certificat, les témoignages les plus marqués de sa satisfaction et le désir de le voir obtenir ce qu'il a mérité à si juste titre.

« Au camp, sous Alger, le 14 octobre 1830.

« BARON HUREL. »

Voici maintenant l'attestation du colonel :

« Je soussigné commandant le 30e régiment d'infanterie de ligne certifie que M. de Lastic Saint-Jal, Dominique, sous-lieutenant audit régiment, s'est conduit d'une manière parfaite pendant la durée de la campagne d'Afrique ; que, dans les journées des 26, 27 et 28 juin dernier, à la position de *Chapelle et Fontaine*, il s'est particulièrement distingué et qu'il a toute espèce de droits à la décoration de la Légion d'honneur qui a été demandée pour lui par M. le lieutenant-général commandant la division.

« Au camp, sous Alger, le 16 octobre 1830.

« DE BEAUPRÉ. »

Enfin la lettre suivante adressée à M. le comte de Lastic Saint-Jal, quelques jours après la mort prématurée de son fils, complète le tableau de cette noble et brillante existence sitôt éteinte :

« Bressuire, 24 novembre 1831.

« Monsieur le comte,

« Permettez-moi de vous dire combien votre peine est sentie de tous ceux qui ont eu l'honneur de connaître Monsieur votre fils. Il avait su se faire aimer et estimer de tous ses camarades ; il en est pleuré. Déjà, lorsqu'il quitta le 1er léger, pour passer dans un autre corps, je vous témoignai tout l'attachement que je lui portais ; il vous sera facile, Monsieur le comte, de croire aux nouveaux sentiments que je vous exprime.

« S. B. D'HILLIERS, colonel. »

NOTE N, *à la page* 75.

On lit dans le *Dictionnaire historique du Cantal* :

« Annet de Lastic, écuyer, seigneur de Belmur, tient en fief de la châtellenie de Vigouroux douze septiers de blé de rente et un septier de froment au village de la Fonthio et de Faveyrolles, plus au village de la Vergnette la rente de six septiers de seigle, plus au village du Bouquet une métairie appelée de Sarrus. » (DE SISTRIÈRE.)

Vigouroux était entré dans la famille de Lastic en 1617, par le mariage de Françoise de Bertonnier avec Annet de Lastic. Depuis cette époque cette branche a toujours habité, jusqu'à la révolution, le château de Vigouroux situé sur la route de Saint-Flour au mur de Banès. Elle s'est transportée en Limagne, au château de Parentignat, après le mariage du comte Joseph de Lastic avec Mlle de Sieujac.

NOTE O, *à la page* 88.

Guy Allard, avocat au parlement de Grenoble, dit dans son *Nobiliaire du Dauphiné*, imprimé en 1671 : « Lastic, famille du Diois venue d'Auvergne, il y a près de deux cents ans, porte de sable à la fasce d'argent et une bordure de gueules. Nous en avons deux branches ; l'une habite à Saon, l'autre à Piégros. » Nous n'avons trouvé aucune trace de cette dernière, dont il ne reste pas plus de descendants mâles que de la première.

L'armorial manuscrit de d'Hozier conservé à la bibliothèque impériale donne pour armes à Gaspard de Lastic et à Charles d'Urre, son fils, de gueule à une fasce d'argent et une bordure de sable et de gueule à une fasce d'argent à leur tante Charlotte.

Selon le même auteur, François de Lastic de Sieujac portait d'azur à une fasce d'or et Jean Antoine de Lastic, abbé de Sieujac, prieur de Bredon, de gueule à une fasce d'argent.

De Lastic, seigneur de la Vergnette, portait de gueule à une fasce d'argent accolé d'or de trois roses de gueules, et de Lastic seigneur de la Fonthio, de gueule à une fasce d'argent.

De Lastic, marquis de Saint-Jal, portait de sinople à une fasce com-
ponnée d'or et de gueules, et François de Saint-Jal d'azur à un saint
Jean-Baptiste et veau en parlement d'or.

Sans chercher à nous expliquer ces variations, nous dirons simplement
que les deux branches de la maison de Lastic encore existantes sont
aujourd'hui revenues à leurs armes véritables et portent de gueule à une
fasce d'argent.

Note P, *à la page* 89.

La seigneurie de Lescure, dont le château est situé sur un monticule,
dans la vallée de Brezons, date du XVe siècle et devint en 1714 la propriété de Guillaume de Lastic, seigneur de la Fonthio, fils d'Annet II de
Vigouroux, par suite de son mariage avec Marguerite de Bonafox. Son
petit-fils Hugues de Lastic n'ayant laissé que deux filles, le comte de
Floirac, mari de l'aînée, vendit la terre de Lescure au comte Joseph de
Vigouroux, le 10 juillet 1810. Celui-ci fit rétablir la toiture de la tour
qui avait été enlevée pendant la Terreur et revendit le château restauré
à M. Bousquet qui le possède aujourd'hui.

On ne sait comment la seigneurie de Lescure était advenue à Vol-
taire, à titre de bail emphithéotique. Il plaida et gagna son procès en
parlement contre le comte de Lastic qui refusait de recevoir le rembour-
sement de sa créance.

Note Q, *à la page* 92.

LETTRE DE MADAME DE MAINTENON A Mlle DE LASTIC, SUR LA FUITE
DU MONDE.

Saint-Cyr, le 9 septembre 1692.

« Il n'y a rien de mal dans votre lettre que les excuses que vous me faites
de me l'avoir écrite. Dieu me charge de Saint-Cyr et mon devoir est d'écouter et de répondre à toutes les affaires qui se présentent. Je suis charmée de
vous voir dans la résolution de quitter le monde; il est l'ennemi de Dieu, on
ne peut trop le haïr, et il vous seroit encore plus dangereux qu'à une autre.
Ne songez qu'à vous sanctifier, prenez conseil et du reste abandonnez-vous à

la providence ; je connois la misère de votre famille, aimez-en l'humiliation. Ne vous pressez point ; rendez service à la maison et comptez que je ne vous abandonnerai pas. » *Lettres sur l'éducation des filles,* par Mᵐᵉ DE MAINTENON, publiées par Th. LAVALLÉE.)

Mlle de Lastic jouait le rôle d'Assuérus dans *Esther.* « Elle était belle comme le jour », dit madame de Maintenon ; « c'était, dit de son côté madame du Perou moins enthousiaste, une beauté qui avait d'assez grands traits et qui convenait à ce personnage. » Elle prononça ses vœux à Saint-Cyr en mars 1693, et Racine, qui voulait pleurer, assista à la cérémonie. Elle ne resta pas dame de Saint-Louis et se fit plus tard carmélite.

Madame de Maintenon en parlant d'elle écrivait le 16 mars 1696 à madame de Brinon, ancienne supérieure de Saint-Cyr : « Vous souvenez-vous de Baudard, de Veillane et de Lastic, deux actrices d'*Esther* ? Elles veulent être carmélites. Sainte Thérèse prend toutes nos filles : il n'importe pas du chemin, pourvu que nous les menions à Dieu. »

Lorsque la princesse Adélaïde de Savoie, qui devait épouser le duc de Bourgogne, fut amenée en France, madame de Maintenon chargée d'achever son éducation la conduisait plusieurs fois par semaine à Saint-Cyr pour y suivre les exercices. La princesse y portait l'habit des élèves et répondait au nom de mademoiselle de Lastic, nom qu'elle avait pris pour cacher son rang.